拓展训练与团队游戏

王澜沧　编著

北京体育大学出版社

策划编辑：吴　珂
责任编辑：井亚琼
责任校对：陆继萍
版式设计：谭德毅

图书在版编目（CIP）数据

拓展训练与团队游戏 / 王澜沧编著. -- 北京 : 北京体育大学出版社, 2023.9（2024.8重印）
ISBN 978-7-5644-3882-1

Ⅰ. ①拓… Ⅱ. ①王… Ⅲ. ①拓展训练 Ⅳ. ①G895

中国国家版本馆CIP数据核字（2023）第172166号

拓展训练与团队游戏
TUOZHAN XUNLIAN YU TUANDUI YOUXI
王澜沧　编著

出版发行：北京体育大学出版社
地　　址：北京市海淀区农大南路1号院2号楼2层办公B-212
邮　　编：100084
网　　址：http://cbs.bsu.edu.cn
发 行 部：010-62989320
邮 购 部：北京体育大学出版社读者服务部 010-62989432
印　　刷：三河市龙大印装有限公司
开　　本：710 mm × 1000 mm　1/16
成品尺寸：155 mm × 235 mm
印　　张：9
字　　数：126千字
版　　次：2023年9月第1版
印　　次：2024年8月第2次印刷
定　　价：55.00元

前言

拓展训练在我国逐渐被人们熟知和认可，不断与企业培训、大中小学课程融合和发展，并从最初的场地项目加入了各种团队游戏和团队建设的主题活动。本人有着近20年的拓展训练从业经验，为国内众多企事业单位提供培训课程，同时也是较早把拓展训练引入高校教学的高校教师之一，希望通过这本《拓展训练与团队游戏》把多年来总结的经验和心得与读者分享。

本书用通俗易懂的语言、翔实的资料、生动的图片介绍了体育拓展与游戏的相关理论和实践知识，旨在帮助读者了解体育拓展与游戏的相关理论知识，掌握实践操作技能和方法。本书分为8章，前3章为理论知识，主要内容为拓展概述，包括拓展的起源、拓展的概念、拓展的特点；拓展训练的实施过程，包括破冰课程、项目的实施、项目的分享与回顾；拓展训练的安全管理，包括影响拓展训练安全的因素、拓展训练的安全原则、拓展训练的保护技术。后5章为实践内容，主要介绍高空常用项目、中低空常用项目、地面常用项目、常用热身游戏、团队模拟沙盘游戏，并配有图片以便读者能更加直观地了解。希望各位读者、同人多提宝贵意见。

王澜沧

2022年9月10日

目录

第一章 拓展概述

拓展又称拓展训练、外展训练，是专门设计的、具有针对性和挑战性的课程。它利用各种场景和活动方式，让个人和团队经历一系列的考验，是增强毅力、培养健康心理、提高团队意识的一种体验式学习方式。

本章将介绍拓展的起源、拓展的概念、拓展的特点。

一、拓展的起源

拓展训练最初起源于第二次世界大战期间。在大西洋上盟军的船队经常受到德国潜艇的攻击而大量沉没，大部分水手也因此失去生命，但往往会有一小部分水手幸存下来。后来，专家研究发现，大部分幸存者并不是年轻力壮的水手，而是年龄偏大，具备坚强意志、良好的团队精神、丰富的海上求生技能等素质的人。根据这个情况，英国成立了一所注重培养学员的意志品质、求生技能、团队协作等能力的海员培训学校，其注册商标为“OUTWARD BOUND”。

如今，“拓展”已经成为一个行业的名称，是现代人和现代组织采用的一种全新的学习方法和培训方式。

二、拓展的概念

本章所用的“拓展”来源于当前北京周边的拓展学校常用的名称，关于拓展训练的称呼很多，比如它在广东被叫作“教练”，在香港被叫作“外展训练”，等等。其实，这些词都源于“outward bound”一词，以下简称“OB”。

拓展训练从最初起源于海上生存训练到现在被应用于教育、培训、医疗等领域，其功能已经发生改变。现在它的主要功能和人们普遍认同的概念如下：

拓展训练是现代人和现代组织采用的一种全新的学习方法和训练方式，能通过专门设计的、具有针对性和挑战性的课程，利用各种场景和活动方式，让个人和团队经历一系列的考验，使参与者在解决问题、应对挑战的过程中增强克服困难的毅力，培养团结合作的意识。

三、拓展的特点

（一）综合活动性

拓展训练的所有项目都以体能活动为引导，能引发认知活动、情感活动、意志活动和交往活动，有明确的操作过程，要求学员的身体和思想同步投入。

（二）挑战极限

拓展训练的所有项目都具有一定的难度，表现在心理考验上，需要学员挑战自己的能力极限。

（三）集体中的个性

拓展训练实行分组活动，强调集体合作，力图使每位学员竭尽全力为集体争取荣誉，同时从集体中吸取巨大的力量并树立信心，在集体中展示个性。

（四）高峰体验

在克服困难、顺利完成课程以后，学员能够体会到发自内心的胜利感和自豪感，获得人生难得的高峰体验。

（五）自我教育

培训师在拓展训练前向学员说明训练的内容、目的、要求以及安全注意事项，在活动中要充分尊重学员的主体地位和主观能动性。在课后的总结中，培训师组织、引导讨论，尽量让学员多发言，让其实现自我教育的目的。

第二章　拓展训练的实施过程

竞技体育的训练课分为准备部分（热身，活动身体各个关节）、基本部分（本节课的主要训练内容）、结束部分（整理、放松身体），类似于竞技体育的拓展训练同样有着科学、完整的实施过程。一般来说，一次完整的拓展训练包括破冰课程、项目的实施、项目的分享与回顾 3 个基本环节。

本章将具体介绍拓展训练的 3 个基本环节的操作方法、技巧及注意事项。

一、破冰课程

“破冰”为培训术语，也叫“热身”，来源于英文“ice break”，就是打破坚冰的意思。在培训课程的初始阶段，学员与培训师之间、学员与学员之间通常会有陌生感，他们往往表现得比较拘谨，如同冻结的冰块。“破冰”的意思就是要打破这种“坚冰”，消除大家的陌生感与隔阂，充分调动学员的积极性和学习热情，让他们能够全身心地投入到培训课程中。

（一）热身游戏

一个精心设计的小游戏往往能迅速拉近学员之间的距离，在短时间内使学员快速地融入团队，所以热身游戏经常被放在培训课程的初始阶段。

这个环节可以在室内进行也可以在室外进行，在后面章节中会介绍适合在这个环节开展的一些游戏及其规则和操作方法。

（二）课程介绍

培训师应当先自我介绍，说明拓展训练的起源、目的、方式、时间安排等，让学员对拓展训练有一个大致的了解。在这个环节中，培训师要采用一些互动型的授课方式，使学员能够积极参与其中。比如，在介绍拓展训练的起源时，培训师可以问一个互动型问题——“在茫茫的大海上，有艘船不幸沉没，你们认为船上什么样的人生存下来的概率更大呢？”这时，学员们就会给出自己的答案，比如“年轻力壮的”“有经验的”“意志品质顽强的”等等，培训师就可以顺着这个话题引出拓展训练的起源。

不同的学员在培训需求和侧重点上会有所不同，培训师应结合学员的实际需求向其介绍培训课程的目的和主题。

（三）团队建设与展示

1. 分组

在拓展训练中为了方便开展课程，培训师会将学员按10 ~ 20人一组分成若干个小组。分组可以采用随机的形式，培训师既可以用报数的方法，也可以根据实际情况提前编制好小组名单。注意，各小组的人数、性别比例、年龄结构等要基本平均。

2. 团队建设

分组结束后，各小组分别完成以下任务。

（1）组员在小组内进行自我介绍，大家在最短的时间内相互熟悉。

（2）选举小组组长和领导班子成员，比如学习委员、纪律委员、生活委员等，明确各自的职责。

（3）开展小组文化建设：起组名、编口号、做组旗、编组歌等。注意，小组文化建设的内容一定要积极、健康，符合本次培训课程的主题。

3. 小组展示

各小组展示各自的团队建设成果，通过介绍组名、口号和唱组歌等形式展示小组的风采。在组名、口号和组歌的介绍环节，建议各小组以全组齐喊和齐唱的形式进行，在介绍设计理念和含义时则可以派专人完成。

二、项目的实施

（一）项目介绍

项目介绍是项目实施的第一个环节，培训师需要从以下几个方面给学员介绍项目情况。下面以“高空抓杠”为例。

1. 项目名称

高空抓杠（也可以加入故事背景的描述）。

2. 项目类别

个人挑战型项目。

3. 场地、器材与装备

高空综合训练架、动力绳（保护绳分为动力绳和静力绳）、主锁、安全带、安全帽、扁带、手套等。培训师要介绍场地、器材与装备的使用方法和注意事项。

4. 活动时间

60 分钟。

5. 项目任务

学员在穿戴好安全保护装备后，沿梯子爬到高空圆台上，站在圆台上双脚起跳，抓住空中的单杠。

（二）项目的开展过程

项目的开展过程是整个培训课程中最重要的环节，学员要完成项目要求的任务，并从中体验项目的设计理念。下面以“高空抓杠”为例介绍项目的开展过程。

1. 准备部分

（1）热身，活动身体各个关节，在地面上练习动作。

（2）穿戴和检查安全保护装备（安全带、安全帽等）。

（3）组员给参加挑战的学员“加油充电”，即全组所有人把手搭在他的肩上一起喊小组的口号，为他加油。

2. 进行部分

（1）学员沿梯子向上攀爬，站到上方的圆台上，面对空中的单杠站好。

（2）学员在和下方的保护教练确认好后，向前上方跳起抓住空中的单杠。

（3）学员在抓住单杠后和保护教练沟通，得到指令后松手，保护教练用动力绳慢慢地放下该学员，学员要保持身体平衡，屈膝缓冲落地，完成挑战。

3. 结束部分

保护教练通过击掌或握手以示鼓励，学员摘下安全带、安全帽等安全保护装备。

（三）项目控制

在项目控制中，培训师需要把握以下原则。

（1）鼓励全体学员在身体条件允许的情况下都参加挑战。

（2）尽量让有把握、有信心的学员先完成，这样能起到榜样作用。

（3）要鼓励畏惧退缩的学员和挑战失败的学员。

（4）在动力绳的收放环节，保护教练一定要和学员保持良好的沟通和配合。

（5）提醒学员一定要严格按照高空项目安全要求操作，不可有侥幸心理，违规操作。

三、项目的分享与回顾

分享与回顾是拓展训练的重要组成部分，是对整个培训课程的总结与升华。

（一）分享与回顾的流程

（1）培训师先总结培训课程的完成情况、学员的表现。

（2）借活动中的某个典型场景或者以提问题和讲故事的形式，引发学员思考与讨论。

（3）组织学员发言，学员可以自由发言，也可以按照顺序发言。

（4）培训师做总结。

（二）分享与回顾的原则

（1）即时性原则：在项目做完后，培训师要马上组织分享与回顾，此时是学员对刚做的项目感受最深的时刻，是分享与回顾的最佳时机。

（2）因材施教原则：不同的学员对项目的感受和理解不同，培训师应根据学员的实际情况引导其进行分享与回顾。

（3）主题性原则：每个项目都有其侧重的主题，每次课程也会有不同的主题，培训师在组织分享与回顾时应紧扣主题展开。

第三章 拓展训练的安全管理

一、影响拓展训练安全的因素

（一）人的因素

人的因素指人的失误。拓展训练的培训师必须由经过正规学习和培训的专业人士担任，他们要有丰富的专业知识、很强的技能和责任心。有相当一部分拓展训练事故是因培训师的水平、经验和责任心的不足造成的，安全无小事，所以没有一定的专业知识、技能和经验切不可从事有风险的拓展训练工作。并且，从业人员也要不断学习和练习，不断增加知识储备、提升专业技能，保持高度的责任心。

（二）物的因素

物的因素指场地、器材与装备未能达到安全开展拓展训练的要求而造成事故。培训师一定要选择符合安全认证标准的场地、器材与装备，切不可贪图便宜选择不达标的场地、器材与装备，从而带来安全隐患。

（三）环境的因素

环境的因素指训练活动所处的自然或人工环境可能造成的影

响，包括温度、湿度、光照、降雨等。比如，在雷电天气下开展室外高空项目会有巨大的安全隐患，一定要禁止。在户外活动时，培训师一定要关注天气情况和学员的表现，避免发生意外。

二、拓展训练的安全原则

（一）备份原则

除了有必要的安全保护装备之外，培训师还需要安装备份装备。比如，跳跃冲击型项目必须有两套独立的由保护绳与主锁构成的安全保护装备。在高空抓杠项目的保护工作中，培训师需要在单杠的前后方各设一个保护点，两条独立的保护绳各连一把主锁，主锁锁门一侧挂在连接点上，确保所有主锁都能起到保护作用。

（二）复查原则

学员要合理使用所有的安全保护装备，使用后培训师必须复查一遍，操作中还要多次检查大部分的安全保护装备，力争消除操作失误的可能性。比如，在做高空抓杠项目时，学员在上高空前，首先要自己检查，然后由其他学员检查，最后由培训师检查确认。

（三）行为原则

在项目进行过程中，培训师必须全程监控，杜绝安全隐患。比如，学员在做求生墙项目时，培训师与保护教练要监护整个过程，一旦学员做出不合理动作就要及时叫停、随时提醒，不仅要关注向上爬的学员，也要留意在墙上的学员，要全方位、多角度地监控整个过程。此外，在高空项目中，学员要遵循换锁时“先挂后摘”原则、“互相保护”原则。

三、拓展训练的保护技术

不同的拓展训练项目有不同的保护技术，本部分将以高空项目为例介绍“法式5步法”的操作方法。保护教练将保护绳的一端系于学员的安全带上，另一端则向上延伸通过上方的保护点绕下，按“8”字形缠绕在8字环上，同时保护教练将8字环挂在保护者的安全带上。以右手为主要用力手为例，保护教练左手握住从上方延伸下来的保护绳，右手紧握从8字环绕出来的保护绳，两腿前后分立，重心略向后，随着学员逐渐向上攀登，保护教练要不断将保护绳收回。保护教练要按以下5个步骤收绳，即“法式5步法”。

（1）左手根据学员的攀登速度向下拉保护绳，同时右手将从8字环绕出的保护绳向上收紧。

（2）右手向下翻至右胯后部。

（3）左手移至右手前，抓住从8字环绕出的保护绳。

（4）右手移至8字环与左手之间抓紧保护绳。

（5）恢复第一步姿势，如此反复操作。

需要注意的是，保护教练必须始终有一只手抓紧从8字环绕出的保护绳。当学员登顶后或需被放下时，保护教练应将右手背于胯后并紧贴躯干，减小握力将绳逐渐放出。一旦学员失误脱落，保护教练就要在两脚站稳的基础上后移重心，右手迅速用力地抓紧绳子背于胯后，利用8字环的摩擦力使保护绳停止滑动，从而将学员固定在空中，使其得到保护，然后再将其慢慢放下。以上保护技术，左利手者操作则正好相反。注意，高空抓杠项目有冲坠风险，应安排两位保护教练。

第四章　高空常用项目

一、高空抓杠

（一）项目概述

高空抓杠项目要求学员在穿戴好安全保护装备后，通过直梯爬到高 8 米左右的圆台上，在调整好状态后奋力向前跃出，抓住空中的单杠。只要学员奋力跃出，不管是否抓到单杠，都算挑战成功，见图 4-1。

图 4-1　高空抓杠

（二）项目类型

个人挑战型项目。

（三）项目目标

（1）学员通过挑战自我，克服心理障碍，增强自信心。

（2）学员通过相互帮助、相互鼓励，体验团结合作的团队精神。

（3）培养学员在压力面前自我调节与自我控制的能力。

（四）场地、器材与装备

（1）高空综合训练架。

（2）2 条直径为 10.5 毫米的动力绳。

（3）4 把丝扣锁，4 把主锁，2 个 8 字环，2 条 120 厘米的扁带。

（4）2 条全身安全带，2 条半身安全带，2 顶安全帽，4 双手套。

（五）项目的实施

（1）培训师宣布项目名称和项目目标，鼓励每位学员积极参与（由于身体原因不能完成的学员不要勉强）。

（2）培训师要向学员强调安全观念，讲解安全保护装备的使用方法。

（3）培训师向参与保护的学员讲解安全要求和规范动作（该环节也可以由保护教练完成）。

（4）培训师组织学员在地面练习起跳动作，提醒学员在挑战时要摘掉佩戴的硬物（包括手机、钥匙、首饰等）。

（5）培训师选出第一位挑战的学员，全体学员为他“加油充电”。

（6）培训师提醒学员在完成项目的过程中和保护教练保持密切的沟通与配合，在学员起跳的瞬间保护教练要迅速收绳，减少冲坠的发生。

（7）完成挑战后，保护教练将学员缓缓放回地面，学员应保持身体平衡，屈膝落地。

（8）全体学员对完成挑战的学员表示祝贺，培训师请下一位学员做准备。

（六）人员要求

10 ~ 15人，身体健康。有严重外伤史或外伤未愈者，有高血压、心脏病等心脑血管疾病者不适合参加。

（七）分享与回顾

（1）谈谈你做完项目后的感受。

（2）你在地面看别人完成和自己完成的感受有什么不同？

（3）通过对比“看”和“做”的心理差别，谈谈你对换位思考、相互理解的看法。

（4）你在挑战中最害怕、感到最困难的是哪一方面？

（八）注意事项

（1）培训师要制定科学的安全保障机制。首先要坚持安全保护装备的“三检查”原则，即学员自己检查、小组内其他学员检查、培训师检查；其次要在学员上高空前先做承重试验——将绳子慢慢收紧，把学员吊在空中，检查安全保护装备的安全性。

（2）培训师在安排挑战顺序时让有把握的学员先上，给后续学员以榜样的力量。

（3）培训师要善于鼓励每位学员勇敢尝试。

引导内容

前不久，我去印度旅行时，在街上看到一个奇怪的现象：一只如小山般大小的大象被一条细铁链拴在一根并不牢固的柱子上，大象不仅没有逃跑，还规规矩矩地站在那儿，温顺地看着过往的人群。

大象之所以没有反抗和逃跑，是因为在大象很小的时候，驯兽师就在它身上套了一根链子，将它拴在牢固的水泥柱上。起初，小象受不了这种束缚，拼命挣扎，想挣断铁链或拉倒柱子，但是它的力量太小了，即便弄得遍体鳞伤，也没能挣脱铁链的束缚。

就这样过了大半年，尝试了无数次的小象绝望地发现，无论自己怎么努力，一切皆是徒劳，自己根本奈何不了那条坚硬的铁链，与其做无谓的斗争，倒不如接受现实。于是，小象放弃了努力，学会了忍受，也渐渐习惯了身上的铁链。直到它长成大象，也没有再想过挣扎和逃跑。事实上，这时它已强大到只要稍微一用力，铁链就会断掉，遗憾的是它没做这样的尝试。

其实，这种行为在我们人类身上也时有发生，只是我们身在其中，没有发觉罢了。每个人在年轻的时候都有一个或多个美好的梦想，但真正实现的人少之又少，究其原因，在于大多数人被自己的习惯所困。

我们可以从大象的身上得到这样的启示：当我们陷入困境时，不要轻易放弃，失败和挫折只是暂时的，有时我们不能成功，不是因为我们无能，而是因为我们还不够强大，当有一天我们的努力达到一定程度时，我们可能就能挣脱身上的“铁链”，走向成功。

二、高空断桥

（一）项目概述

高空断桥是一个个人挑战型项目，要求学员在穿戴好安全保护装备后，通过直梯爬到断桥上，完成跨越，见图 4–2。

图 4–2　高空断桥

（二）项目类型

个人挑战型项目。

（三）项目目标

（1）学员通过挑战自我，克服心理障碍，增强自信心。

（2）学员通过相互帮助、相互鼓励，增强团队的凝聚力。

（3）培养学员在压力面前自我调节与自我控制的能力。

（四）场地、器材与装备

（1）高空综合训练架。

（2）2 条直径为 10.5 毫米的动力绳，1 条直径为 10.5 毫米的静力绳。

（3）4 把丝扣锁，4 把主锁，2 把上升器，2 条 120 厘米的扁带。

（4）3 条半身安全带，3 顶安全帽。

（五）项目的实施

（1）培训师宣布项目名称和项目目标，鼓励每位学员积极参与（由于身体原因不能完成的学员不要勉强）。

（2）培训师向学员强调安全观念，讲解安全保护装备的使用方法。

（3）培训师组织学员在地面练习跨越动作，提醒学员在挑战时摘掉佩戴的硬物（包括手机、钥匙、首饰等）。

（4）培训师选出第一位挑战的学员，全体学员为他“加油充电”。

（5）保护教练使用上升器将完成挑战的学员慢慢放回地面。

（6）全体学员对完成挑战的学员表示祝贺，培训师请下一位学员做准备。

（六）人员要求

10 ~ 15 人，身体健康。有严重外伤史或外伤未愈者，有高血压、心脏病等心脑血管疾病者不适合参加。

（七）分享与回顾

（1）你在高空和在地面跨越相同距离的感觉有什么不同？

（2）通过对比在高空和在地面的心理差别，谈谈你对换位思考、相互理解的看法。

（3）你在挑战中自己最害怕、感到最困难的是哪一方面？

（4）谈谈突破心理障碍激发潜能，与抓住机遇、获得成功之间的关系。

（八）注意事项

（1）培训师要制定科学的安全保障机制，在穿戴和使用安全保护装备时坚持“三检查”原则，即学员自己检查、小组内其他学员检查、培训师检查。

（2）培训师要合理安排挑战顺序和每位学员的挑战时间，如果学员上台后迟迟不敢挑战，可先让他下去调整，准备好后再上台挑战，以免用时过长影响整个项目的进度。

（3）挑战时可以让学员穿戴护腿板，防止小腿直接磕在断桥上。

引导内容

有位教授挑选了10名自愿参加测试的人员，带他们走进了一间黑暗的房子。他们走过了一座独木桥，当所有人走过来以后，教授打开了灯，所有人顿时吓得魂飞魄散，只见独木桥下的水里有十几条巨大的鳄鱼。教授要求这10人再次跟随他走过独木桥，这时10人里没有人愿意再走这座独木桥，最后在教授的示范下只有3人站出来，一人走到一半哆嗦着过去了，一人被吓得爬过去了，只有一人是大胆地走过去的。这时，教授又打开了几盏灯，人们看得更清楚了，原来在独木桥和水面之间还有一层保护网，即使掉下去也碰不到鳄鱼，这时教授请剩下的7人走过独木桥，有5人放心地走过来了，可是仍有2人因怀疑保护网是否真的可以起作用而不敢过桥。是他们不会走路吗？是他们没有平衡感吗？其实是他们对自己应对环境的能力的判断在作怪。

三、天梯

（一）项目概述

天梯由和地面平行的一组原木组成，该项目要求学员穿戴好安全保护装备后，两人一组，通过协作，从最低的一根开始攀爬，直到登顶，见图 4-3。

图 4-3 天梯

（二）项目类型

双人合作挑战型项目。

（三）项目目标

（1）让学员体会相互合作的重要性。

（2）培养学员互帮互助的团队精神。

（3）培养学员敢于拼搏、无私奉献的精神。

（四）场地、器材与装备

（1）高空综合训练架。

（2）2 条直径为 10.5 毫米的动力绳。

（3）2 套保护系统：每套由 2 条短扁带和 2 把 O 形锁组成。

（4）6 把主锁，2 个 8 字环。

（5）6 条半身安全带，4 顶安全帽，6 双手套。

（五）项目的实施

（1）培训师宣布项目名称和项目目标，鼓励每位学员积极参与（由于身体原因不能完成的学员不要勉强）。

（2）培训师向学员强调安全观念，讲解安全保护装备的使用方法。

（3）培训师向参与保护的学员讲解安全要求和规范动作（该环节也可以由保护教练完成）。

（4）培训师组织学员分组，两人一组，每组学员的身高和体能尽量相当，并提醒学员在挑战时摘掉佩戴的硬物（包括手机、钥匙、首饰等）。

（5）选出第一组挑战的学员，全体学员为他们“加油充电”。

（6）培训师要提醒学员在完成项目的过程中和保护教练保持密切的沟通与配合。

（7）学员完成挑战后，保护教练将天梯推向一边，将学员缓缓地放回地面，学员应保持身体平衡，屈膝落地。

（8）全体学员对完成挑战的学员表示祝贺，培训师请下一组学员做准备。

（六）人员要求

10 ~ 15 人，身体健康。有严重外伤史或外伤未愈者，有高血压、心脏病等心脑血管疾病者不适合参加。

（七）分享与回顾

（1）你的预想与实际情况有没有差距?

（2）谈谈合作的重要性。

（3）谈谈你在挑战成功（或未成功）时的感受。

（4）谈谈你是如何用分解目标的方法逐步实现复杂、困难的目标的？

（八）注意事项

（1）培训师注意做好安全检查，正式开始前先做承重试验。

（2）培训师应先让学员自行寻找方法，然后再给予适当的提示和指导。

（3）培训师在组队时应避免出现一组中两位学员的身高都偏低、体能都偏弱的现象，否则他们会很难完成任务。

引导内容

“龟兔双赢理论”讲的是龟、兔比赛了多次，互有输赢，后来龟、兔合作，兔子把乌龟驮在背上跑到河边，然后乌龟又把兔子驮在背上游过河去，这就是“双赢”，竞争对手也可以是合作伙伴。俗话说：“一个篱笆三个桩，一个好汉三个帮。”一个人想成就一番大事，必须靠大家的帮助，善于与他人合作。纵观古今中外，凡是事业成功的人士都是善于合作的典范。

四、合力过桥

（一）项目概述

合力过桥是一个个人挑战和团队协作结合型项目，需要挑战学员穿戴好安全保护装备，在高空跨过几段不稳定的浮桥，见图 4–4。其他学员要用浮桥下的绳子固定浮桥，使挑战学员能够顺利通过。

图 4-4　合力过桥

（二）项目类型

个人挑战和团队协作结合型项目。

（三）项目目标

（1）学员通过挑战自我，突破心理障碍和克服畏难情绪。

（2）增强团队的凝聚力。

（3）让学员体会个人成功与团队成功的关系。

（四）场地、器材与装备

（1）基地综合训练架。

（2）1 条直径为 10.5 毫米的动力绳。

（3）4 把丝扣锁，3 把主锁，1 个 8 字环，2 条 120 厘米的扁带。

（4）2 条全身安全带，2 条半身安全带，2 顶安全帽，2 双手套。

（五）项目的实施

（1）培训师宣布项目名称和项目目标，鼓励每位学员积极参与（由于身体原因不能完成的学员不要勉强）。

（2）培训师向学员强调安全观念，讲解安全保护装备（安全带、安全帽）的使用方法。

（3）培训师向参与保护的学员讲解安全要求和规范动作（该环节也可以由保护教练完成）。

（4）培训师要提醒学员在挑战时摘掉佩戴的硬物（包括手机、钥匙、首饰等）。

（5）培训师要选出第一位挑战的学员，全体学员为他“加油充电”。

（6）培训师要提醒学员在完成项目的过程中和保护教练保持密切的沟通与配合。

（7）培训师要兼顾挑战的学员和下面拉绳子辅助的学员的配合情况。

（8）全体学员对完成挑战的学员表示祝贺，培训师请下一位学员做准备。

（六）人员要求

10～15人，身体健康。有严重外伤史或外伤未愈者，有高血压、心脏病等心脑血管疾病者不适合参加。

（七）分享与回顾

（1）你在挑战时和在下面拉绳子时的感受有何不同？

（2）你在挑战时是如何和下面拉绳子辅助的学员进行有效沟通的？

（3）挑战学员的信心来自哪里？如果没有下面拉绳子的学员的辅助，挑战学员是否有足够的能力和信心完成挑战？

（八）注意事项

（1）培训师要做好安全检查，正式开始前先做承重试验。

（2）培训师要兼顾挑战学员和下面拉绳子辅助的学员的配合情况。

（3）培训师要鼓励学员不断寻找和尝试最佳的方式。

五、空中相依

（一）项目概述

空中相依项目的场地由架设在高空的两根钢丝组成，两根钢丝的一端较窄，另一端较宽。该项目要求参与的学员两人一组，在穿戴好安全保护装备后从直梯爬到钢丝较窄一端，每人脚踩一根钢丝，通过两人之间的相互配合和协助，从较窄一端走到较宽一端，即完成挑战，见图 4-5。

图 4-5　空中相依

（二）项目类型

双人合作挑战型项目。

（三）项目目标

（1）让学员体会相互信任、合作的重要性。

（2）学员通过相互帮助、相互鼓励来充分发扬团队精神。

（3）培养学员敢于挑战、拼搏的精神。

（四）场地、器材与装备

（1）高空综合训练架。

（2）2条直径为10.5毫米的动力绳。

（3）4把O形锁，6把主锁，2个8字环。

（4）6条半身安全带，4顶安全帽，6双手套。

（五）项目的实施

（1）培训师宣布项目名称和项目目标，鼓励每位学员积极参与（由于身体原因不能完成的学员不要勉强）。

（2）培训师向学员强调安全观念，讲解安全保护装备的使用方法。

（3）培训师向参与保护的学员讲解安全要求和规范动作（该环节也可以由保护教练完成）。

（4）培训师组织学员分组，两人一组，每组学员的身高、体重尽量相当，并提醒学员在挑战时摘掉佩戴的硬物（包括手机、钥匙、首饰等）。

（5）培训师选出第一组挑战的学员，全体学员为他们“加油充电”。

（6）培训师要提醒学员在完成项目的过程中和保护教练保持密切的沟通与配合。

（7）全体学员对完成挑战的学员表示祝贺，培训师请下一组学员做准备。

（六）人员要求

10 ~ 15 人，身体健康。有严重外伤史或外伤未愈者，有高血压、心脏病等心脑血管疾病者不适合参加。

（七）分享与回顾

（1）谈谈你在挑战成功（或未成功）时的感受并分析原因。

（2）你在下面观看和在上面完成挑战的感受有何不同？

（3）你是否想过放弃？在困难和挑战面前，你是如何调整心态的？

（4）谈谈学员之间相互信任、相互依靠的重要性。

（八）注意事项

（1）培训师要做好安全检查，正式开始前先做承重试验。

（2）培训师让学员先做地面练习再正式开始挑战。

第五章 中低空常用项目

一、信任背摔

（一）项目概述

信任背摔项目要求团队全体学员依次登上高台背对大家倒下来，其余学员在下面用手臂将他接住，见图 5–1。

图 5–1 信任背摔

（二）项目类型

个人挑战和团队协作结合型项目。

（三）项目目标

（1）培养学员挑战自我的信心与勇气。

（2）增强学员之间的信任。

（3）加强团队的凝聚力。

（4）让学员感悟规则与制度的重要性。

（四）场地、器材与装备

（1）高 1.3 ~ 1.7 米的高台，平整的场地。

（2）1 条绑手绳。

（3）1 块体操垫。

（五）项目的实施

（1）培训师宣布项目名称和项目目标，鼓励每位学员积极参与（由于身体原因不能完成的学员不要勉强）。

（2）培训师向台上挑战学员讲解身体姿势和动作要领：下颌回收，手臂紧贴身体抱于胸前，两脚并拢，身体挺直。培训师可以先组织学员在地面进行后倒练习。

（3）培训师向台下保护学员讲解身体姿势和动作要领：两人一组，双方成弓步面对面站立（同时向前出右脚），使右膝内侧相靠，将手搭在对面同伴的肩上，掌心向上五指并拢，头后仰。培训师要检查各组的动作和承重情况。

（4）培训师要提醒学员在挑战时摘掉佩戴的硬物（包括手机、钥匙、首饰等）。

（5）培训师选出第一位挑战的学员，全体学员为他“加油充电”。

（6）挑战学员上台后，培训师用绑手绳把他的手绑好，帮他移动到高台边缘使脚跟露出台面，对他进行鼓励和心理疏导并时刻观察他的状态。

（7）培训师让台下保护学员按小组（通常为5组）以肩并肩的方式连接起来，排面要整齐。保护学员的手臂要保持同一高度，并且时刻关注台上挑战学员的情况。

（8）台上挑战学员数“3、2、1”后，身体笔直向后倒下，台下保护学员要将其稳稳接住。

（9）培训师要有效控制台上挑战学员后倒的方向和速度（培训师应一只手抓其手腕控制后倒方向，另一只手放在其腰部防止其过早屈髋），使其能够安全平稳地落到台下保护学员的保护范围内。

（10）全体学员对完成挑战的学员表示祝贺，培训师请下一位学员做准备。

（六）人员要求

12 ~ 15人，身体健康。高度近视，有严重外伤史或外伤未愈者，有高血压、心脏病等心脑血管疾病者不适合参加。

（七）分享与回顾

（1）你站在高台上倒和在下面接时的感受有何不同？

（2）通过刚才的活动，你对信任和责任有什么新的感悟和理解？

（3）谈谈你对绑手绳的看法。

（4）谈谈你对规则的理解，以及对约束和自律重要性的认识。

（5）你是如何突破心理障碍和克服畏难情绪的？

（八）注意事项

（1）培训师应让学员在正式上台完成挑战前，先在地面做模拟练习。两人一组，一个人后倒另一个人接，要注意，如果一人无法接住，则加一位辅助人员。

（2）第一位上台挑战的学员的完成情况，对本队任务能否顺利完成至关重要，所以第一位上台挑战的学员一定要有把握成功。培训师要选体重、体形适中，有信心且身体控制能力好的学员（从前期的模拟练习中可以发现合适的人选）。

（3）此项目一定要在专业人员的指导下进行，学员切不可自己贸然尝试。

引导内容

有一位父亲和儿子在户外玩。儿子爬到墙上想往下跳，让父亲在下面接住他。在儿子准备跳下来之前，又担心父亲接不住。正在犹豫的时候，父亲伸出双臂，对儿子说："来，跳下来吧，我会接住你。"在父亲的连声催促下，儿子咬咬牙闭上眼睛跳了下去，他以为自己会重重地摔在地上，但当他睁开眼时发现自己躺在父亲的怀里。父亲对他说："有时连陌生人你也可以相信，何况是你的父亲！"

二、穿越“电网”

（一）项目概述

穿越“电网”项目要求在规定时间内，全体学员从一面“电网”的网孔中穿过，学员的身体部位不得触网，并且每个网孔只有一次使用机会，见图 5-2。

图 5-2 穿越“电网”

（二）项目类型

团队协作型项目。

（三）项目目标

（1）学员通过亲密接触增进交流，拉近彼此的距离。

（2）学员学会有效分配和利用资源。

（3）增强团队的配合意识。

（4）培养学员的计划能力、决策能力、组织能力和协调能力。

（四）场地、器材与装备

（1）平整的场地。

（2）1 面固定的、编织好的“电网”。

（五）项目的实施

（1）培训师宣布项目名称和项目目标，鼓励每位学员积极参与（由于身体原因不能完成的学员不要勉强）。

（2）培训师介绍项目规则：

①开始时全体学员都在“电网”的一侧，“电网”的上下左右都是封闭的，学员不能随意通过，只能从网孔中“穿越”；

②学员的身体部位不得触网，否则将视为挑战失败；

③每个网孔只能使用一次。

（3）网孔的个数要略多于参加挑战的学员的人数，最小的网孔应刚好能通过最瘦小的学员。

（4）培训师要提醒学员在挑战时摘掉佩戴的硬物（包括手机、钥匙、首饰等）。

（5）培训师提醒学员在抬人时要注意安全，特别是在被抬学员落地时要注意他落地的身体部位和力度。若学员出现危险动作，培训师要及时制止或给予辅助。

（六）人员要求

12 ~ 20 人，身体健康。有严重外伤史或外伤未愈者，有高血压、心脏病等心脑血管疾病者不适合参加。

（七）分享与回顾

（1）总结团队表现的亮点与不足。

（2）总结确立方案、明确分工、注意安全保障对团队挑战成功的意义。

（3）你是如何合理分配资源的？

（4）你如何对待不同的意见？

（八）注意事项

（1）根据学员的人数和体形，选择或设计合适的网孔。

（2）培训师可以采用画图的方式来记录网孔的使用情况。

（3）培训师要禁止学员采用蹿跃等危险动作。

引导内容

布利斯定理：用较多的时间为一次工作做事前计划，做这项工作所用的总时间就会减少。

定理实验：把学生分成3组进行不同方式的投篮技巧训练。第一组学生在20天内每天练习实际投篮，并把第一天和最后一天的成绩记录下来。第二组学生也记录了第一天和最后一天的成绩，但在此期间他们不做任何练习。第三组学生记录下第一天的成绩，然后每天花20分钟想象投篮的过程；如果没投中，他们便想象相应的纠正方案。实验结果表明：第二组学生的投篮技巧没有丝毫长进；第一组学生的进球率增加了24%；第三组学生的进球率增加了26%。由此可以得出结论：行动前进行头脑“热身”，构想要做的事的每个细节，梳理思路，然后把它铭刻在脑海中，你在行动的时候，就会得心应手。

这个实验告诉我们计划的重要性。做事没有计划，我们行动起来就会是一盘“散沙”。只有事前拟订好行动计划，梳理清做事的步骤，我们做起事来才会应付自如。好的规划是成功的开始。

三、求生墙

（一）项目概述

求生墙，又名毕业墙，经常作为整个拓展训练的最后一个项目，挑战成功意味着全体学员顺利毕业。该项目要求全体学员在不借助任何外物的情况下，爬上一面4米高的光滑墙壁，见图5-3。

图5-3　求生墙

（二）项目类型

团队协作型项目。

（三）项目目标

（1）培养学员团结一致、密切合作、克服困难的团队精神。

（2）使每位学员发挥个体优势，认同差别。

（3）培养学员坚忍不拔的意志。

（4）培养学员的组织能力和协调能力。

（四）场地、器材与装备

（1）高 4 米的求生墙。

（2）若干海绵垫。

（五）项目的实施

（1）培训师宣布项目名称和项目目标，鼓励每位学员积极参与（由于身体原因不能完成的学员不要勉强）。

（2）培训师向学员讲解人梯的搭建方法和安全注意事项，比如可以踩踏的部位：肩、大腿、手。

（3）培训师向学员讲解拉拽的基本方法和安全注意事项，比如老虎扣：相互握对方的手腕。

（4）培训师要提醒学员在挑战时摘掉佩戴的硬物（包括手机、钥匙、首饰等）。

（5）项目开始后，全体学员必须积极采取“抱石保护”技术。

（6）学员要坚持大声示警原则，即在项目进行过程中，学员若感觉自己难以支撑或剧烈疼痛要第一时间大声示意，以便其他人及时知晓。

（7）培训师要坚持令行禁止原则，即培训师若发现有学员做出危险动作就要及时喊停，这时团队所有人都要停止做动作。

（8）培训师对最后上去的两位学员要给予特别保护，必要时可给予一定的提示。

（六）人员要求

12 人以上，身体健康。高度近视，有严重外伤史或外伤未愈者，有高血压、心脏病等心脑血管疾病者不适合参加。

（七）分享与回顾

（1）培训师对大家在项目中的表现和付出给予肯定和表扬。

（2）你是否进行了有效的计划和组织?

（3）谈谈你在项目中的角色和感受，以及怎样理解“团队无弱者”这句话。

（4）谈谈你对甘为人梯和无私奉献的团队精神的认识。

（八）注意事项

（1）培训师一定要关注人梯的稳固程度，如果人梯不稳固，培训师要立即喊停。要选较高的学员搭建人梯，尽量保证搭建两层人梯就足够攀登求生墙。

（2）培训师要特别关注倒挂下来的学员和最后一位上去的学员的安全，下方要有足够的保护措施，以免学员意外坠落后受伤。

（3）培训师要提醒学员在拉拽和踩踏时动作要尽量轻柔，以免受伤。

引导内容

某学校的学员在毕业的前一天晚上要执行最后一次水上巡逻任务。因为是最后一次巡逻，学员们在执行任务时有些松懈，导致巡逻艇撞上了油轮，当时学员们都很着急，要想活命就只能爬上油轮高达 4.2 米的甲板。巡逻艇上没有任何攀登工具，学员们靠着搭人梯的方法爬上了甲板。

后来，学员们把事件的经过报告给学校，该学校也受此启发，在训练场上搭起了高达 4.2 米的墙，要求每期学员以 60 人为单位必须在 15 分钟内全部爬上高墙才能获得毕业证书，后来这面墙有了“毕业墙”的称号。

四、罐头鞋

（一）项目概述

罐头鞋，又名穿越沼泽，该项目要求全体学员利用3个汽油桶、2块结实的木板在规定时间内穿越20米长的“沼泽”（空地），并且全体学员和木板不能接触地面，只有汽油桶可以接触地面，见图5-4。

图5-4　罐头鞋

（二）项目类型

团队协作型项目。

（三）项目目标

（1）让学员体验有效的集体工作方法。

（2）培养学员团结一致、密切合作的团队精神。

（3）培养学员的周密计划能力、协调组织能力和沟通能力。

（四）场地、器材与装备

（1）长20米的平整场地。

（2）3 个汽油桶，2 块结实的木板。

（五）项目的实施

（1）培训师宣布项目名称和项目目标，鼓励每位学员积极参与（由于身体原因不能完成的学员不要勉强）。

（2）培训师介绍项目规则：

①全体学员在 40 分钟内穿越 20 米长的“沼泽”；

②可用资源仅有 3 个汽油桶，2 块结实的木板；

③全体学员和木板不能接触地面，只有汽油桶可以接触地面。

（3）培训师要确保木板足够结实，能够承担全体学员的重量。

（4）培训师要提醒学员在挑战时摘掉佩戴的硬物（包括手机、钥匙、首饰等）。

（5）培训师要提醒学员在木板上移动时，一定要保持平衡，在移动木板时注意安全。

（六）人员要求

10 ~ 15 人。身体健康。有严重外伤史或外伤未愈者，有高血压、心脏病等心脑血管疾病者不适合参加。

（七）分享与回顾

（1）团队在解决问题时，实施了哪些步骤？有哪些可以改进的地方？

（2）总结确立方案、明确分工、注意安全保障对团队挑战成功的意义。

（3）谈谈沟通在团队中的重要性。

（4）谈谈成功、效果、安全之间的关系。

（八）注意事项

（1）培训师可以让学员先在木板上做一些移动练习，提升其在木板上保持平衡的能力。

（2）在安全的前提下，培训师要鼓励学员尝试各种方法。

引导内容

阿普顿是普林斯顿大学的高材生，毕业后被安排在爱迪生身边工作。爱迪生小时候以卖报为生，虽然自学成才，成了科学界的巨子，可在当时门第观念很重的年代，爱迪生常遭到不公的对待。阿普顿出身名门，又是高等学府的佼佼者，对爱迪生常常露出一种讥讽的神态。但是，一件小事使阿普顿转变了对爱迪生的态度。

一次，爱迪生在研究中需要一个数据，便对阿普顿说："请你帮我算一下那只梨形玻璃泡的容积，我等着用。"阿普顿点点头，想：这么简单的事我一会儿就能做好。他拿起梨形玻璃泡，用尺上下量了几遍，再按照式样在纸上画好草图，列出了一道算式，可算来算去，算得满头大汗他仍没算出来。一连换了几十个公式，还是没结果，两个多小时过去了，阿普顿急得满脸通红。这时，爱迪生在实验室等了很久，不见阿普顿把结果拿来，觉得奇怪，便走到阿普顿的工作间，只见阿普顿一脸窘相，再看看那几张16开的白纸上密密麻麻地列满了算式，但还没有得出答案，爱迪生便拍拍阿普顿的肩，笑了笑说："您这样计算太浪费时间了。"阿普顿不悦地说："不这样算那该怎么算？"爱迪生拿起梨形玻璃泡，将水倒进去，然后交给阿普顿说："您把这里的水再倒进量杯，看看它的体积刻度，那就是咱们需要的结果。"阿普顿茅塞顿开，没想到自己绞尽脑汁花了很长时间没算出的结果，爱迪生只用这么短的时间就算出来了。他难为情地转身去照爱迪生的指示开始工作。阿普顿终于被爱迪生渊博的学识、求实的治学态度所吸引，从不敬到崇拜，成了爱迪生事业上的好助手。

找到正确的做事方法可以事半功倍。

五、云梯

（一）项目概述

云梯项目要求学员两人一组，面对面站立，每组学员手持木棍组成云梯。每位学员依次挑战，通过其他学员搭建的云梯，从队伍的一端走到队伍的另一端，见图 5–5。

图 5–5　云梯

（二）项目类型

个人挑战和团队协作结合型项目。

（三）项目目标

（1）提升学员间的信任度。

（2）培养学员团结一致、密切合作的团队精神。

（3）培养学员勇于挑战的勇气和团队责任感。

（四）场地、器材与装备

（1）长 20 米的平整场地。

（2）10 ~ 12 根木棍，每根长 0.8 ~ 1 米，直径为 4 ~ 6 厘米。木棍表面光滑且有良好的承重能力。

（五）项目的实施

（1）培训师宣布项目名称和项目目标，鼓励每位学员积极参与（由于身体原因不能完成的学员不要勉强）。

（2）两位学员一组，面对面站立，每组拿一根木棍。所有小组肩并肩站立，将木棍平行排列成水平的云梯。

（3）当一位学员开始踩云梯时，同组的另一位学员将作为保护学员辅助其上下云梯，防止其摔倒，其他学员参与搭建云梯。

（4）每组学员所握木棍应尽量与地面平行，高度在腰部位置。

（5）学员应尽量在云梯上直立行走，行走距离为 10 ~ 20 米。

（6）如果一组学员的力量不均衡，培训师可提醒走云梯的学员将脚踩到力量较大的学员一侧。

（7）学员在走完云梯后要轻轻跳下，严禁动作过猛或突然跳下。

（六）人员要求

12 ~ 20 人，身体健康，人数多时可分成多组。有严重外伤史或外伤未愈者，有高血压、心脏病等心脑血管疾病者不适合参加。

（七）分享与回顾

（1）完成挑战前你的感受如何，是否担心失败或想过放弃？
（2）你在云梯上时有什么感觉，当“梯子”是什么感受？
（3）谈谈建立团队信任的重要性。
（4）谈谈敢于挑战的勇气和团队责任感的重要性。

（八）注意事项

安全是这个项目的核心要务，特别是当学员从云梯上跳下时，培训师要重点关注体重较重和腿部力量较弱的学员。

六、人笔书法

（一）项目概述

人笔书法项目要求每组学员编创一句祝福语或者口号（字数与每组人数接近），小组中每位学员依次扮演一支“人体笔”，由组中其他学员抬起在纸上写下祝福语或口号中的一个字，直至整句祝福语或口号被书写完成。

（二）项目类型

团队协作型项目。

（三）项目目标

（1）学员通过身体的亲密接触增进交流，拉近彼此的距离。
（2）提高学员的创新能力。
（3）提高学员的工作质量，激励学员努力创造精品成果。
（4）培养学员的决策能力、组织能力、协调能力。

（四）场地、器材与装备

（1）平整的场地。

（2）1支专用粗笔或签字笔，若干张A4纸。

（五）项目的实施

（1）培训师宣布项目名称和项目目标，鼓励每位学员积极参与（由于身体原因不能完成的学员不要勉强）。

（2）培训师介绍项目规则：

①培训员给各组10分钟左右的时间编创一段话，这段话可以是祝福语也可以是口号（字数与每组人数接近），总笔画为90 ~ 110画；

②书写活动开始后，不同的学员扮演“人体笔”，扮演“人体笔”的学员双手握笔，双臂向上伸直，被其他学员抬起在垂直于地面的纸上（纸张可以固定在墙上，也可以由其他学员拿着）写下一个字，然后换其他学员继续完成；

③“人体笔”不能看纸，抬人的学员不能接触“人体笔”的手臂和手。

（3）抬人的学员要轻抬轻放，注意不要让被抬学员摔倒或磕碰。

（4）培训师要提醒学员在活动时摘掉佩戴的硬物（包括手机、钥匙、首饰等）。

（5）培训师要提醒学员在抬人时要注意安全，特别是在被抬学员落地时要注意他落地的身体部位和力度，若学员出现危险动作，培训师要及时制止或给予辅助。

（6）活动结束后，各组举起自己所写的字，统一评比。

（六）人员要求

每组8 ~ 15人（最好两组以上），身体健康。有严重外伤史或外伤未愈者，有高血压、心脏病等心脑血管疾病者不适合参加。

（七）分享与回顾

（1）总结团队表现的亮点和不足。

（2）你们是怎样讨论并产生创意结果的？

（3）你们可以利用的资源是什么？如何分配和利用这些资源？

（4）你如何对待不同的意见？

（5）谈谈你被抬起后的感受。

（八）注意事项

（1）培训师根据学员的体形和力量情况分组，然后根据每组人数确定文字数量。

（2）培训师可以在地上放一块海绵垫子来保证被抬学员的安全。

（3）培训师可以设置不同的奖项来激励学员，比如设置“最佳书法奖”“最佳创意奖”“最佳内容奖”等。

第六章　地面常用项目

一、盲人方阵

（一）项目概述

盲人方阵项目要求全体学员蒙着眼睛在规定时间内，将一条25米长的绳子围成一个正方形，并且全体学员要平均分配到正方形的各条边上，见图6–1。

图6–1　盲人方阵

（二）项目类型

团队协作型项目。

（三）项目目标

（1）培养学员的沟通能力和决策能力。

（2）让学员理解角色定位和尽职完成本职工作的重要性。

（3）让学员理解统一领导在团队中的重要性。

（四）场地、器材与装备

（1）无障碍的平整场地。

（2）长 25 米的绳子。

（3）每位学员一副眼罩。

（五）项目的实施

（1）培训师宣布项目名称和项目目标。

（2）培训师分发眼罩，提醒学员戴好眼罩后要缓慢行动，将手放在身体前面以防发生碰撞，并要求他们遵守规则，除非特殊情况，否则学员不得摘下眼罩，更不能偷看。

（3）培训师介绍项目规则：全体学员在蒙着眼睛的情况下，将绳子围成一个正方形，并且全体学员要平均分配到正方形的各条边上。时间为 40 分钟。

（4）培训师将绳子随机扔在场地内，学员先找绳子，找到绳子后再做任务。

（5）在项目进行过程中，培训师要注意观察，若发现学员面临危险要马上制止。

（6）活动结束后，培训师要提醒学员闭着眼睛慢慢地摘下眼罩，过一会儿再慢慢地睁开眼睛，以免被阳光灼伤。

（六）人员要求

10 ~ 20 人。

（七）分享与回顾

（1）团队在解决问题时，实施了哪些步骤？有哪些可以改进的地方？

（2）如何在有障碍的情况下进行沟通？

（3）如何在有争议的情况下形成统一的意见和决策？

（4）谈谈统一领导在团队中的重要性。

（5）总结团队在完成任务过程中实施的“计划——执行——检查——处理”的循环流程。

（八）注意事项

（1）在该项目中，学员全程蒙着眼睛，所以培训师要特别注意环境变化，确保学员安全。培训师应不断提醒学员要缓慢行动，摸索前进，遇到危险情况要及时提醒学员。

（2）在项目进行过程中，培训师要记录学员的表现，以便在接下来的总结中有的放矢。

引导内容

PDCA（plan、do、check、act 的首字母缩写）循环的 4 个阶段，即计划、执行、检查、处理，最早由美国质量管理专业戴明（W.Edwards Deming）博士提出，所以这种模式也被叫作戴明环，它是进行质量管理的基本方法，也是企业管理工作的一般规律。其具体的循环过程是分析现状、发现问题——分析影响因素、提出解决措施——针对主要原因、执行解决方案——检查执行效果——总结成功的经验并制定相应的标准，而没有解决的问题或新的问题将再次按照 PDCA 循环去解决。在质量管理工作当中，PDCA 循环不仅得到了广泛应用，也取得了很好的效果。这种模式体现了科学认识论的具体管理手段和工作程序，在其他项目的管理工作中也能得到延伸和运用。

二、盲人行路

（一）项目概述

盲人行路项目要求全体学员分成两组，其中一组戴眼罩扮演盲人（不能看），另一组扮演哑人（不能讲话），由哑人带领盲人走过一段崎岖且设有障碍的路，见图 6–2。

图 6–2　盲人行路

（二）项目类型

双人协作型项目。

（三）项目目标

（1）培养学员的沟通能力。

（2）培养学员的团队责任感。

（3）让学员体验信任与被信任的关系。

（4）培养学员乐于助人、懂得感恩的品质。

（四）场地、器材与装备

（1）设有障碍的场地。

（2）若干副眼罩。

（五）项目的实施

（1）培训师宣布项目名称和项目目标。把全体学员分成两组，即盲人组和哑人组。

（2）培训师给盲人组分发眼罩，提醒他们戴好眼罩后注意安全，并要求他们遵守规则，除非特殊情况，否则不得摘下眼罩，更不能偷看。

（3）培训师给哑人组讲解规则：不能讲话，尽力帮助盲人同伴，不要故意暴露自己的身份，注意安全，不得违反规则。

（4）哑人组和盲人组学员随机组队，两人一组。如遇单数可三人一组，即两位哑人和一位盲人。

（5）培训师在前面带路，靠前的学员要跟着培训师的路线走，靠后的学员跟着靠前的学员走。

（6）在项目进行过程中，培训师要注意监控，避免发生危险。

（7）在项目即将结束时，哑人要把盲人安置在一个安全的地方后再离开。

（8）培训师要提醒盲人闭着眼睛慢慢地摘下眼罩，过一会儿再慢慢地睁开眼睛，以免被阳光灼伤。

（9）培训师让盲人寻找刚才帮助自己的哑人，再由哑人确认。

（六）人员要求

10 ~ 20 人。

（七）分享与回顾

（1）谈谈你在项目进行过程中的角色和感受。

（2）在项目进行过程中你们遇到了哪些困难？是怎么解决的？

（3）谈谈信任和责任的关系。

（4）你是如何在有障碍的情况下进行沟通的？

（八）注意事项

（1）培训师要禁止学员在培训过程中开玩笑或故意加大任务难度。

（2）培训师可以利用台阶、坡道等现有的障碍设置场地，也可以人为布置一些障碍，提醒学员在跨越深沟等障碍时要特别注意安全，在有安全隐患的地方派专人守护。

（3）培训师在项目结束时可以让学员通过跳手语舞《感恩的心》收尾，渲染培训氛围。

引导内容

关于沟通，良好的沟通是协作的基础，反之，不良的沟通会给我们的工作、生活、学习带来很多障碍和麻烦。

关于感恩，中学时我住校，每次学校收学杂费时我父亲为了省一些邮资都会把钱夹在信封里和信件一起寄给我。有一次学校收学杂费，我告诉了父亲，不久后我就收到了父亲的信和夹在里面的200元钱，我按时交了学杂费，但意外的是第二天我又收到一封父亲的信，里面又夹着200元钱，我很不解。第二封信的内容大致是父亲在寄第一封信的路上不小心把信弄丢了，于是赶紧又筹了200元钱重新寄给了我。看到这封信后我疑惑了很久，为什么我会收到丢失的信呢？我能想到的唯一合理的解释就是有人捡到了这封信并把它投到了邮筒里，因为地址已经写好，邮票也贴了，所以这封信就成功寄出了。我不知道这位好心人是否知道信封里有钱，也不可能找到他当面道谢，但我从心里默默感谢他。就像我们每个人在人生道路上会得到很多人的帮助，有时候我们并不知道他是谁，甚至不知道他的存在。我们要常怀感恩之心，感谢那些曾经帮助过我们的好心人。

三、挑战第一

（一）项目概述

挑战第一是由多个项目组成的一个组合项目，可以有多个团队一起比赛，要求学员在练习后按照规则连续、依次完成这几个项目，用时最短的团队获胜。

（二）项目类型

团队协作型项目。

（三）项目目标

（1）培养学员统筹协调的能力。

（2）培养学员快速学习的能力。

（3）激发学员坚持不懈、敢于拼搏的精神。

（4）提高学员的执行力。

（5）培养学员胜不骄、败不馁的品质。

（四）场地、器材与装备

（1）平整的场地。

（2）1 面同心鼓，1 个排球。

（3）6 ~ 8 根不倒森林用杆。

（4）12 块能量传输用 U 型板，1 个小球，1 个纸杯。

（5）1 根长跳绳。

（6）1 个周长为 2 米的绳圈。

（五）项目的实施

（1）培训师宣布项目名称和项目目标，然后依次介绍每个项目的规则。

（2）同心鼓：全体学员参加，其中一位学员拿排球，其余学员拉鼓周围的绳子，连续颠球满 10 次即可过关，见图 6-3。

图 6-3　同心鼓

（3）不倒森林：6 ~ 8 人参加，每人单手持杆的一端，另一端立在地上，围成一个半径为杆长度的圆圈。该项目要求在杆不发生移动的情况下，6 ~ 8 人顺时针轮转一圈即挑战成功，见图 6-4。

图 6-4　不倒森林

（4）能量传输：12 位学员参加，每人手持一块 U 型板，将小球通过 U 型板运送 10 米，直至小球落入纸杯中，该项目要求学员不能托着小球跑，且小球不能停顿、倒流、掉落，见图 6–5。

图 6–5　能量传输

（5）集体跳绳：10 位学员参加，其中 2 位学员摇绳，8 位学员一起跳，完成 8 次跳绳且没有间断即挑战成功，见图 6–6。

图 6–6　集体跳绳

（6）心手相连：全体学员参加，手拉手围成一个圆圈，要求在手不能松开和抓握绳圈的情况下，让一个套在手上的绳圈在穿过全体学员的身体后回到原来的位置，见图 6–7。

图 6–7 心手相连

（7）激情节拍：是一个徒手项目，需要全体学员围成一个圆圈。第一轮，双手拍左侧同伴的肩膀喊“1”，拍右侧同伴的肩膀喊“1”，腹前击掌喊“我”；第二轮，双手拍左侧同伴的肩膀两次喊“1、2”，拍右侧同伴的肩膀两次喊“1、2”，腹前击掌两次喊“我们”……第八轮，拍左侧同伴的肩膀 8 次，喊“1、2、3、4、5、6、7、8”，拍右侧同伴的肩膀 8 次，喊“1、2、3、4、5、6、7、8”，腹前击掌 8 次喊“我们是最棒的团队”。最后，全体学员一起跳起，举右手成 V 字形手势，喊“耶”，游戏结束，见图 6–8。

（8）比赛时，每个团队依次完成 6 个项目，将“激情节拍”放在最后，其余项目顺序自定。如果某个项目失败则这个项目重新开始直至成功，以时间来记成绩。

图 6-8　激情节拍

（六）人员要求

分为 1 ~ 5 个组，每组 6 ~ 20 人，身体健康。有严重外伤史或外伤未愈者，有高血压、心脏病等心脑血管疾病者不适合参加。

（七）分享与回顾

（1）总结团队表现的亮点和不足。

（2）你是如何一步步提升的？

（3）你们是如何统筹人员、器材和时间的？

（八）注意事项

（1）以比赛的形式进行两轮，即练习—比赛—练习—比赛。

（2）第一轮让学员自己寻找方法，如果到第二轮学员还没有找到正确的方法，培训师可以给予其适当的提示。

（3）同心鼓的操作要领：一是鼓面要保持平稳；二是学员要跟随排球的移动随时移动鼓面；三是注意是脚步移动，减少手部移动，否则会影响鼓面平稳。

（4）不倒森林的操作要领：一是注意力要多放在自己手中的杆上，让它在离手后能够平稳交接；二是换杆时脚步要移动到目标杆和所持杆中间的位置。

（5）能量传输的操作要领：一是开始时“球要慢”，熟练后再逐渐加快；二是“人要快”，学员在球离开自己的U型板后要迅速移动到下一个位置准备接球。

（6）集体跳绳的操作要领：跳绳动作要同步，队伍的中间位置对起跳高度要求较低，在此处跳绳比较容易。培训师可以让个别跳不过去的学员单独练习或安排他去摇绳。

（7）心手相连的操作要领：学员可以用另一侧的手来“帮忙”，即另一侧的手（不松开旁边学员的手的情况下）伸过来先把绳子撑开，学员的头先钻入，然后脚再通过。

（8）激情节拍的操作要领：本着“先慢后快”的原则，学员应先熟悉当前的速度和节奏，再逐渐加快速度和节奏。

引导内容

团队是什么？团队是由基层人员和管理层人员组成的一个共同体，它需要每位成员利用自己的知识和技能协同工作，解决问题，达到共同的目标。团队的构成要素可以总结为5P，即目标（purpose）、人（people）、定位（place）、权限（power）、计划（plan）。团队和群体有着根本性区别，群体可以向团队过渡。一般根据存在目的和拥有自主权的大小将团队分为5种类型：问题解决型、自我管理型、多功能型、共同目标型、正面默契型。在此，我们把团队定义为由基层人员和管理层人员组成的一个共同体，他们有共同的目标，愿意共同承担责任，共享荣辱。在团队发展过程中，团队成员经过长期的学习、磨合、调整，形成工作主动、高效，乐于合作且有创意的团体，从而解决问题，达到共同的目标。

四、急速破译

（一）项目概述

急速破译又名超音速，该项目要求全体学员排成一路纵队，按照一定规则，把扣着的同一花色的 13 张牌（从 A 到 K）依次翻开，见图 6-9。

图 6-9　急速破译

（二）项目类型

团队协作型项目。

（三）项目目标

（1）培养学员的沟通能力和执行能力。

（2）培养学员的协作意识和学习能力。

（3）培养学员面对突发情况时的应变能力。

（四）场地、器材与装备

（1）平整的场地。

（2）若干张扑克牌。

（五）项目的实施

（1）培训师宣布项目名称和项目目标。

（2）培训师介绍项目规则：全体学员排成一路纵队，依次出发。把扣着的同一花色的13张牌按照从A到K的顺序依次翻开。每次只能去一个人，每人每次只能翻一张牌。如果翻到你需要的牌，就把它打开放回原来的位置，如果不是你需要的牌，就把它重新扣回原来的位置。直到所有的牌都被打开。

（3）按照规则把13张牌都打开即比赛结束，按照完成的时间顺序排定名次。

（4）比赛可以分若干轮进行，每轮牌的摆放形状都会发生变化，其余规则不变。

（5）在项目进行过程中，培训师要注意监控，学员必须按照顺序依次出发，以接力的形式进行，每位学员翻完牌后要排到队尾。

（6）如果场地不适合奔跑，可以要求学员快走。

（六）人员要求

分为2～10个组，每组10～15人。

（七）分享与回顾

（1）在项目进行过程中，你们出现了哪些错误？为什么？

（2）在沟通中要注意哪些重要因素？

（3）谈谈统一指挥和执行力在团队中的重要性。

（八）注意事项

（1）每轮比赛结束后，培训师要提醒学员总结经验教训，并调整改进。

（2）牌摆放的形状应由简单到复杂，第一轮通常横排摆放，以后可以逐渐加大难度，比如摆成三排、圆形、米字形等。注意，在同一轮比赛中各组摆放牌的形状、间距要一致。

（3）也可以用写有其他内容的卡牌代替扑克牌，比如朝代、生肖、星座、钟表、罗马数字等。

五、妙笔生花

（一）项目概述

妙笔生花是一个比较新的拓展训练项目，要求全体学员通过绳子共同操控大毛笔来写一幅字，见图 6–10。

图 6–10　妙笔生花

（二）项目类型

团队协作型项目。

（三）项目目标

（1）培养学员的沟通能力，提高团队的默契程度。

（2）培养学员的协作意识和能力。

（3）提升学员的参与度与团队认同感。

（四）场地、器材与装备

（1）平整的场地。

（2）1 支绑有绳子的大毛笔。

（3）大白纸、墨汁若干。

（五）项目的实施

（1）培训师宣布项目名称和项目目标。

（2）培训师介绍项目规则：全体学员只能通过绳子来操控大毛笔，手离毛笔的距离至少 0.8 米。

（3）培训师确认要写的内容。

（4）培训师介绍注意事项：练习可分步骤进行，学员可以先不用墨汁，熟练后再在纸上练习。

（5）在项目进行过程中，培训师要注意监控，提醒学员墨汁用量要适中，不要将墨汁弄到地上或衣服上。

（六）人员要求

10 ~ 15 人。

（七）分享与回顾

（1）总结团队表现的亮点和不足。

（2）你们是如何改进的？

（3）团队的默契是如何建立的？

（4）谈谈统一领导在团队中的重要性。

（八）注意事项

（1）学员书写的内容一定要积极健康，能够体现团队文化或者传达积极进取的正能量。

（2）练习步骤：先蘸水在地面上练习，熟练后再用墨汁在废纸上练习，最后再正式书写。还可以书写在卷轴上留作本次活动的纪念。

（3）学员要注意毛笔的大小要和纸张大小匹配，注意汉字的书写习惯，尽量写得美观大方。

六、信任不倒翁

（一）项目概述

信任不倒翁项目要求全体学员依次站到队伍中间扮演“不倒翁”，其他学员肩并肩围成一个圆圈，将双手放在胸前组成一圈“手墙”，扮演“不倒翁”的学员挺直身体向后倒下，后方学员将他接住后向右侧移动，让他像一个不倒翁一样在“手墙”上以脚跟为轴转动，见图 6-11。

图 6-11　信任不倒翁

（二）项目类型

个人挑战和团队协作结合型项目。

（三）项目目标

（1）增强学员间的信任。

（2）培养学员团结一致、密切合作的团队精神。

（3）培养学员敢于挑战的勇气，增强团队责任感。

（四）场地、器材与装备

平整的场地。

（五）项目的实施

（1）培训师宣布项目名称和项目目标。

（2）第一位扮演“不倒翁”的学员站到队伍中间，身体挺直，下颌回收，双手交叉抱在胸前。

（3）其他学员肩并肩围成一个圆圈，两脚前后站立成弓步，双手放在胸前组成一圈直径为 1 ~ 2 米的“手墙”。

（4）准备就绪后，扮演“不倒翁”的学员大声喊：“我是XX，我要接受挑战。”其他学员回应：“我们支持你，加油、加油、加油。”随后扮演“不倒翁”的学员以脚跟为轴，挺直身体向后慢慢倒下。

（5）后方学员用双手将他接住后，将他的身体向右侧移动交给右侧同伴，以此类推，让他以脚跟为轴像不倒翁一样转动 2 ~ 3 圈。

（6）结束后将扮演“不倒翁”的学员扶正，换下一位学员到队伍中间来接受挑战，以此类推。

（六）人员要求

10 ~ 16 人，身体健康，人数多时可分成多组。有严重外伤史或外伤未愈者，有高血压、心脏病等心脑血管疾病者不适合参加。

（七）分享与回顾

（1）谈谈你在完成挑战时的感受。

（2）每位学员是否都觉得足够安全？是否为安全问题提出过要求？

（3）谈谈信任的重要性。

（4）谈谈敢于挑战的勇气和团队责任感的重要性。

（八）注意事项

（1）扮演“不倒翁”的学员要挺直身体向后倒下才能达到要求，如果做不到可以反复练习。

（2）在转动过程中，如果出现转动速度过快或动作粗鲁等有安全隐患的情况，培训师要及时叫停。

七、七巧板

（一）项目概述

七巧板项目要求全体学员分为 7 个小组，各小组每完成任务书上的一项内容就会得到相应的分数，最终得分高者获胜，见图 6-12。

图 6-12　七巧板

（二）项目类型

团队协作型项目。

（三）项目目标

（1）培养学员的沟通意识，提升其沟通技巧。

（2）让学员理解个体目标与集体目标、小团队目标与大团队目标之间的关系。

（3）让学员理解竞争、合作以及共赢之间的关系。

（四）场地、器材与装备

（1）可容纳 7 个小组围坐的场地。

（2）七巧板、任务书、图形卡片。

（3）记分表。

（五）项目的实施

（1）培训师宣布项目名称和项目目标。

（2）培训师把全体学员平均分成 7 个小组，安排他们在各自位置就座，同组学员围成一个紧密的小圈，见图 6-13。

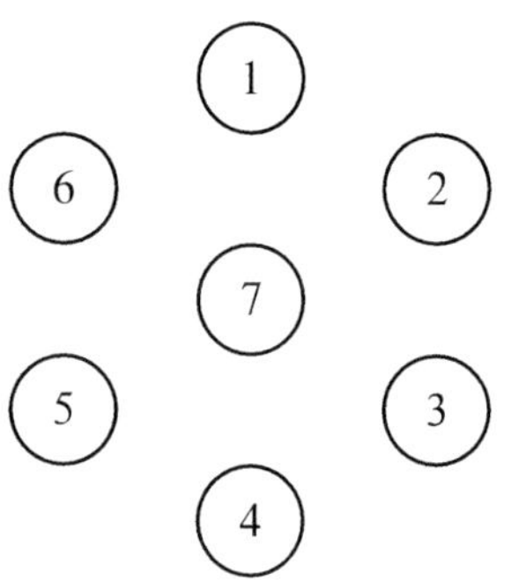

图 6-13　学员位置

（3）培训师介绍项目规则：在项目进行过程中，全体学员不能离开自己的位置，不能交换任务书，不能抛接图形卡片和七巧板。

（4）培训师把 35 块七巧板随机平均分发给各小组，每组 5 块。

（5）培训师把图形卡片随机分发给各小组，每组 1 张。

（6）培训师给各小组分发任务书。

（7）在项目进行过程中，各小组完成任务后要示意培训师，培训师检查无误后给各小组加分，记分表见表 6–1。

表 6–1　记分表

小组	分数									
	1 分	2 分	3 分	4 分	5 分	6 分	7 分	8 分	9 分	总分
1 组										
2 组										
3 组										
4 组										
5 组										
6 组										
7 组										

（8）规定时间为 40 分钟，时间到后，培训师统计各小组的得分和总分。

（六）人员要求

7 ~ 35 人。

（七）分享与回顾

（1）各小组分别读其他小组的任务书，对比任务书的异同。

（2）谈谈你的沟通技巧和方法。

（3）谈谈竞争与合作的关系。

（4）谈谈你对小团队与大团队的利益博弈的认识。

（八）注意事项

（1）座位摆放的位置以相邻小组之间，或各小组与 7 组之间邻近学员伸手刚好能碰到为宜。

（2）培训师在发任务书时先发 1 ~ 6 组的，再发 7 组的。这样 1 ~ 6 组会率先读完任务书行动起来。

（3）培训师在检查无误后，要大声报出检查内容和所加的分数，比如“1 组完成图 1，加 10 分。”然后，在记分表上登记分数。这样，一来不容易弄混，二来能提醒其他小组记分表的变化。

八、穿越雷阵

（一）项目概述

穿越雷阵项目要求全体学员在规则允许的情况下根据培训师的指令，从雷阵图的入口进入，从雷阵图的出口走出，见图 6-14。

图 6-14　穿越雷阵

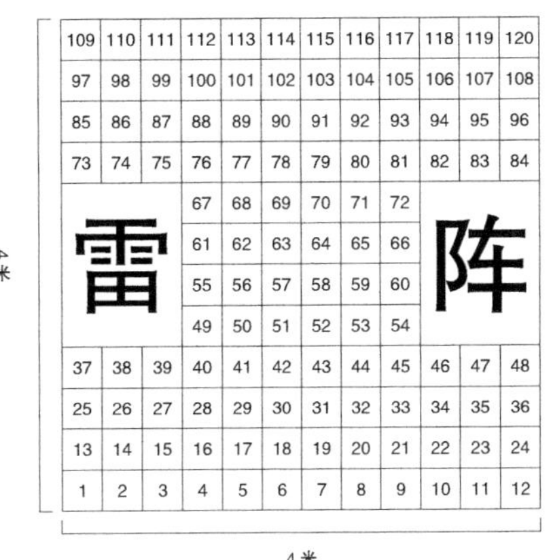

图 6-14 穿越雷阵（续）

（二）项目类型

团队协作型项目。

（三）项目目标

（1）培养学员的沟通能力和决策能力。

（2）培养学员勇于尝试、不断探索的品质。

（3）培养学员的创新意识，以突破思维定势。

（4）培养学员从错误中吸取教训避免重复犯错的能力。

（四）场地、器材与装备

（1）平整的场地。

（2）雷阵图（4 米 ×4 米）。

（3）培训师用的手持雷阵图（缩小版雷阵图，标有雷的位置）、笔。

（五）项目的实施

（1）培训师宣布项目名称和项目目标，提醒学员认真听规则，在介绍完规则后，培训师不再回答和规则相关的任何问题。

（2）培训师介绍项目规则：

①雷阵图的入口为 1 ~ 12 这条边，出口为 109 ~ 120 这条边，全体学员在规定时间（40 分钟）内依次从入口进入，从出口走出，即挑战成功；

②雷阵图内每次只允许一人行走，学员从入口任意一个格子进入后每次只能走与上一个格子相邻的格子（斜对角的格子也算相邻格子）；

③学员每次踩入格子后都要大声报出所踩格子的编号，这时培训师会根据手持雷阵图的指示告诉学员所踩格子是否有地雷，如得到“安全”的口令，该学员可以继续前进，如得到“有地雷”的口令，该学员则需原路返回走出雷阵图；

④第一次进入雷阵图的学员可以用双脚正常行走，当被“炸”一次后第二次进入雷阵图时，他只能单脚跳跃行动（单脚连续跳跃三次以上可以换脚），当被“炸”两次后第三次进入雷阵图时，他需要由队友背着或者背着一位队友行动；

⑤所有地雷在雷阵图中的位置是固定的，并且会一直存在。

（3）在项目进行过程中，培训师要注意监控，若发现学员有危险要马上处置。

（4）在规定时间（40 分钟）内全体学员成功穿越雷区即挑战成功，否则失败。

（六）人员要求

10 ~ 20 人。

（七）分享与回顾

（1）团队在解决问题时实施了哪些步骤？有哪些可以改进的地方？

（2）谈谈勇于尝试、不断试错的重要性。

（3）谈谈突破和创新的重要性。

（4）创新的基础是什么？

（5）谈谈你对突破思维定势的原则“以道德为底线，以法律为准绳，积累是突破和创新的基础”的看法。

（八）注意事项

（1）这个项目的关键在于两侧没有数字的“空白”区域，地雷的设置通常会封闭除“空白”区域的其他区域，但由于“空白”区域和其他区域不同，学员不敢轻易尝试，只有在“走投无路”的情况下才会冒险尝试。“空白”区域通常有两种设计：第一，把两侧“空白”区域设置为两个安全区，一个安全区为一个大格子，通过安全区后就可以顺利到达出口；第二，把学员先进入的“空白”区域设置为“沼泽地”，后进入的“空白”区域设置为安全区。学员进入“沼泽地”后将“深陷其中，不能自拔”，必须由队友背着救出，学员只有再次冒险进入第二个“空白”区域，即安全区，才能到达出口。

（2）培训师引导学员先从常规路线探索，当常规路线被完全封闭时再做“冒险尝试”。在分享与回顾时，培训师要向学员强调创新的基础是大量实践，切不可投机取巧。

引导内容

科学家做过这样一个有趣的实验：把跳蚤放在桌子上，一拍桌子，跳蚤就会立即跳起。接着，把跳蚤罩在一个玻璃罩里，再让它跳起，跳蚤碰到玻璃罩弹了回来。如此连续多次以后，跳蚤每次跳跃都保持在玻璃罩顶以下的高度。然后，逐渐降低玻璃罩的高度，跳蚤总是在碰到玻璃罩后跳得低一点。最后，当玻璃罩顶接近桌面时，跳蚤已无法跳起。科学家移开玻璃罩，再拍桌子，跳蚤还是不跳。这时的跳蚤已从当初的“跳高冠军”变成了一只跳不起来的“爬蚤”。我们知道，跳是跳蚤的天生能力，而跳蚤变成“爬蚤”是它丧失了跳跃的能力吗？当然不是。之所以这样，是因为跳蚤在一次次碰壁后，产生了一种消极的思维定势——我跳高了会碰壁。跳蚤为了适应环境而主动降低跳跃的高度，一次次受挫慢慢地吞噬了它的信心，使它在失败面前变得习惯、麻木了。更可悲的是，当头上的玻璃罩已不存在，它却丧失了再跳一次的勇气。行动的欲望和潜能被自己消极的思维定势扼杀，科学家把这种现象称为“自我设限”。

很多时候，我们也同这只跳蚤一样，在学习、工作、生活中，我们会碰到很多挫折和失败——当我们需要帮助时，得到的可能是拒绝；当我们持续努力时，成绩可能依旧没有起色；当我们想做好一件事而没有做好时，可能会被他人嘲笑、歧视甚至否定；当我们努力想证明自己时，可能会处处碰壁……这些屡屡受挫的失败经验会令我们怀疑自己的能力，对自己失去信心，丧失奋发向上的热情和克服困难的勇气，从而限制了潜能的发挥，使我们在事业上不能成功，这就是“自我设限”的结果。

九、搭书架

（一）项目概述

搭书架又名建品格，这个项目要求学员根据任务书所示图例，将若干块带有齿口的木板搭建成书架，见图 6-15。

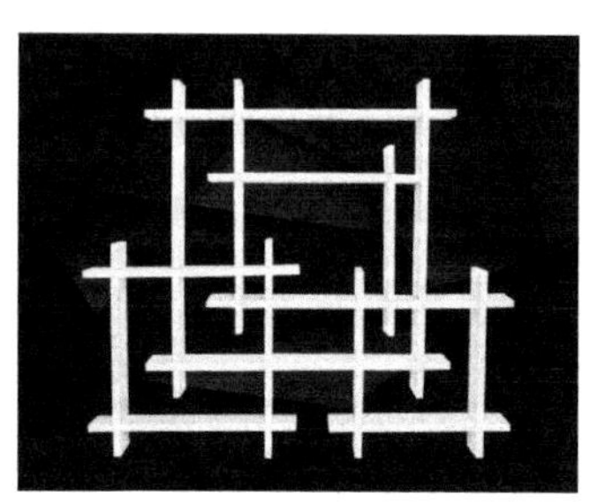

图 6-15　搭书架

（二）项目类型

团队协作型项目。

（三）项目目标

（1）培养学员阅读任务书并能迅速理解其内容的能力。

（2）培养学员善于总结经验和发现规律的能力。

（3）培养学员善于利用资源并将其细分规划的能力。

（4）培养学员的领导能力、决策能力和执行能力。

（四）场地、器材与装备

（1）平整的场地。

（2）任务书，15 ～ 18 块带有齿口的木板。

（3）便签纸、圆珠笔若干。

（五）项目的实施

（1）培训师宣布项目名称和项目目标。

（2）培训师给学员 10 分钟的时间阅读任务书。

（3）在第一轮比赛中，培训师让各组学员以最快的速度按任务书所示图例搭建书架，并记录时间，若多组学员都完成了比赛，培训师可以根据完成的先后顺序排定名次。

（4）在第一轮比赛结束后，培训师给学员 15 分钟的准备时间。学员可以利用这段时间拆解书架寻找规律，明确、细化团队内部分工，为第二轮比赛做准备。

（5）在第二轮比赛开始后，培训师要记录时间并比较两轮比赛的时间差。若多组学员都完成了比赛，培训师可以根据完成的先后顺序再次排定名次。

（6）学员在拿到任务书时不要接触或者看木板。

（7）培训师在活动前要声明：如有问题，学员要自行解决，培训师不回答提问。即使学员之间发生争论，培训师也会保持沉默。

（六）人员要求

每组 6 ~ 8 人，人数多时可分成若干组。

（七）分享与回顾

（1）你们刚拿到任务书后，对于可能进行的活动是如何分析的？

（2）面对堆砌的木板时，你们的反应是什么？为什么会出现这种反应？

（3）如果在第一轮比赛中你们用时较长，那么你们遇到的主要问题是什么？

（4）你们是什么时候发现书架是由几个正方形组成的？发现这个规律后，你们搭建书架的效率如何？

（5）我们在平时学习、工作、生活中是否有类似的经历？“搭书架”这个项目对你们有什么启发？

（6）谈谈你对团队合作的感悟。

（八）注意事项

（1）如果在活动中遇到问题，学员需自行解决，培训师不回答问题。

（2）最好多组同时进行，每组配备一位监控人员。

（3）项目完成后，培训师要提醒学员注意保密。

引导内容

美国百事可乐公司前总裁唐纳德·简道尔提出，企业要尊重人、培养人、锻炼人，各尽所能，各得其所，把适当的人选配到最适合的位置上去。这一言论被称为“简道尔法则”。

现代社会的竞争是人才的竞争，而人才在团队中能否在最恰当的位置发挥最大的作用，决定着一个团队战斗力的强弱。

十、驿站传书

（一）项目概述

驿站传书又名数字传递，这个项目要求全体学员站成（也可以坐着）一路纵队，将一个数字告诉队尾学员，在规则允许的情况下，队尾学员将这个信息依次向前传递，排头学员得到信息并确认无误后，即完成任务，见图 6-16。

图 6-16　驿站传书

（二）项目类型

团队沟通型项目。

（三）项目目标

（1）培养学员的学习能力、沟通能力和执行能力。

（2）培养学员的责任感，使其理解团队中每个位置的重要性。

（四）场地、器材与装备

（1）平整的场地。

（2）A4纸、笔。

（五）项目的实施

（1）培训师宣布项目名称和项目目标，安排活动队形，使每组学员成一路纵队排列。

（2）培训师介绍项目规则：

①队尾学员接收到信息后依次向前传递，排头学员接收并确认信息后写到纸上，本轮结束，所写信息不能再更改；

②全体学员在项目进行过程中不能讲话，也不能发出任何声音；

③全体学员在项目进行过程中不能转身或回头，后排学员不能把身体的任何部位伸到前排学员的视野内；

④全体学员不能使用工具来传递信息，比如纸条。

（3）本项目可以进行若干轮。根据学员的能力，设置的数字由简单到复杂，第一轮可以是简单的自然数，往后逐渐加大难度，变为复杂的自然数、小数、分数等。

（4）多组可以同时开始比赛，注意保持各组之间的距离，以免相互影响。

（5）各组传递的数字信息可以不一样，但传递难度要尽量一致。比如，第一组的数字是2856，第二组是2568，以此类推。

（6）在活动中，培训师要注意维持纪律，提醒学员遵守规则。如有违例，该组本轮成绩无效，包括已经完成任务的小组。

（六）人员要求

每组 10 ~ 18 人，可以多组同时开展。

（七）分享与回顾

（1）在有障碍的情况下，你们是怎样沟通的？如何提高沟通的效率和准确性？

（2）你们的沟通是相互的吗？有没有反馈机制？

（3）谈谈你对“没有规矩，不成方圆”这句话的理解。

（4）谈谈你对“细节决定成败”这句话的理解。

（5）谈谈你对“失败乃成功之母”这句话的理解。

（八）注意事项

该项目还有一种操作方法：每轮结束后加一条规则，开始时规则比较宽松，学员可以采用的操作方法很多，这有利于培养学员的创新能力和应变能力。此外，培训师可以根据培训需求选择操作方法。

引导内容

沟通的目的是让对方做出行动或理解我们传达的信息和情感，即沟通的质量取决于对方的回应。良好的沟通是要说对方想听的，听对方想说的。要想达到这个目的就必须进行有效的编码、解码与反馈。

我们要想有效沟通就需要弄清楚对方想听什么，通过认同、赞美、询问需求的方式实现，并以对方感兴趣的方式表达，如幽默、热情、亲和、友善。我们在倾听时，用对方乐意的方式倾听，积极探询对方想说什么，设身处地、不要打断并积极回应、鼓励表达。双方要控制情绪，适时回应与反馈，最后确认理解，听完后处理异议。

十一、同心杆

（一）项目概述

同心杆是一个经典的团队项目，要求全体学员用各自的食指将同心杆共同抬起然后一起放下，见图 6–17。这个看似容易的项目完成起来却不简单。

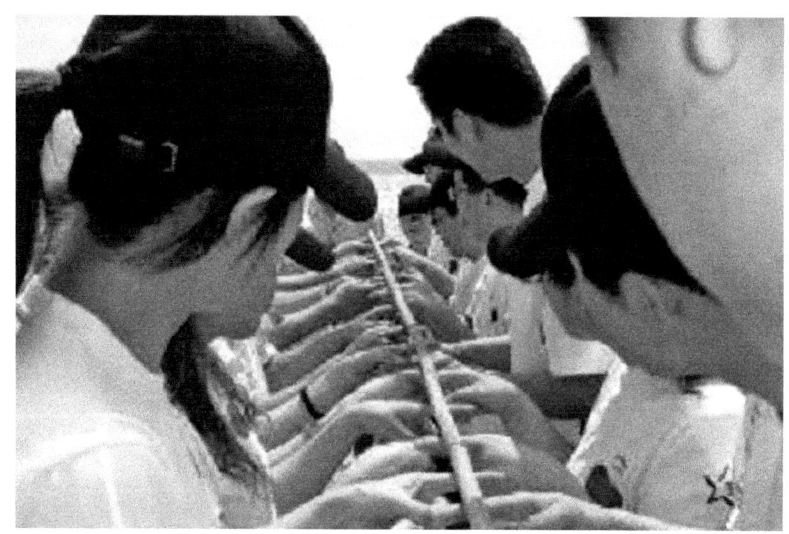

图 6-17　同心杆

（二）项目类型

团队协作型项目。

（三）项目目标

（1）培养学员的沟通能力，提高团队的默契程度。

（2）培养学员处理个体与团队关系的能力。

（3）让学员体会统一领导对团队成功的重要作用。

（4）让学员体会团队制度和团队文化对团队的重要性。

（四）场地、器材与装备

（1）平整的场地。

（2）长 1.5 ～ 3 米的轻质 PVC（聚氯乙烯）杆或竹竿。

（五）项目的实施

（1）培训师宣布项目名称和项目目标。

（2）全体学员排成两路纵队面对面站立，用自己的两根食指（双手掌心相对）将同心杆托住。

（3）培训师介绍项目规则：全体学员的食指不能与同心杆分离，先将同心杆从腰部高度托起至眉毛的高度（以团队中身高最低的学员为准），然后再将其放至膝关节的高度。食指、同心杆要和地面平行。

（六）人员要求

每组 10 ～ 20 人。

（七）分享与回顾

（1）你在刚接到这个任务时觉得难度如何？实际操作之后感觉如何？

（2）同心杆为什么会不受控制地向上？是谁在一直向上抬？

（3）在团队遇到困难和挫折时，你是不是在找别人的原因，而很少发现自己的问题？

（4）谈谈你对“成功找方法，失败找理由”这句话的理解。

（八）注意事项

（1）在项目开始时，培训师一定要用手摁住同心杆，否则同心杆很容易被学员抬得很高。

（2）培训师要注意把控执行规则的严格程度，既要让学员感到有挑战性，又不会让学员丧失信心。如果严格执行规则，完成这个项目的难度会很大。

十二、团队巨画

（一）项目概述

团队巨画，顾名思义就是全体学员一起画一幅巨大的画，通常这幅画会有一定的主题，比如团队的标志、口号或学员对团队未来的憧憬等，见图 6-18。

图 6-18　团队巨画

（二）项目类型

团队协作型项目。

（三）项目目标

（1）培养学员的沟通能力和创造能力。

（2）培养学员的协调统一能力。

（3）让学员体会统一领导与分工协作对团队成功的重要作用。

（4）加强团队文化建设。

（四）场地、器材与装备

（1）平整宽阔的场地。

（2）画布或画纸。

（3）水彩颜料、调色板、不同型号的画笔、小水桶若干。

（五）项目的实施

（1）培训师宣布项目名称和项目目标。

（2）各小组确定图画的主题和画草图。

（3）培训师将学员分成几个小组，给每个小组分配工具。

（4）如果画布较大，可以将画布分成多个部分由不同小组分别作画，最后拼接在一起。

（5）在项目进行过程中，学员之间既要有明确的分工又要注意协调统一，比如为了颜色一致，同一种颜色可以统一调制。

（6）学员与作品合影。

（六）人员要求

10 ~ 100 人。

（七）分享与回顾

（1）你们是如何讨论和确定创作思路的？

（2）你认为用文字表达想法和用图画表达有什么不同？

（3）各小组之间是如何实现协调统一的？

（4）在完成任务的过程中，你们是否出现过分歧？是如何处理的？

（八）注意事项

（1）如果有既定的设计方案且设计方案比较复杂，可以先将设计方案的轮廓打印在画布上，学员负责涂色即可。

（2）培训师对成果的点评应以正面鼓励、积极评价为主。

（3）培训师若发现问题要及时提醒学员，以免画作完成后难以修改。

引导内容

铅笔的主体部分是木杆，它里面有根笔芯，上面有个铁圈，捆着一块橡皮。虽然铅笔的构造简单，但是它的原料非常复杂。木杆是专门用一种叫雪松木的木材做的，木杆上面的油漆不是一层，而是六层，油漆主要是用蓖麻油做的，若深究起来，它里面还有很多复杂的成分。笔芯里除了石墨还有黏土和石蜡，木杆上面还有铁圈和橡皮。总之，铅笔的原料来自世界各地。铅笔的制造工艺也非常复杂，一支铅笔需要成千上万的人参与制造。

一支简单的铅笔需要成千上万人通力合作，才能被生产出来，而我们只需要付出很少的价格就能得到它。这个神奇的故事之所以能够发生，是因为有市场机制在协调人们的分工与合作。

十三、无敌风火轮

（一）项目概述

无敌风火轮项目要求各小组首先制作一个能容纳全组学员的闭合履带式“风火轮”，然后“乘坐”自制的“风火轮”进行竞速比赛，见图 6–19。

图 6–19 无敌风火轮

（二）项目类型

团队协作型项目。

（三）项目目标

（1）培养学员的动手能力。

（2）培养学员的协作能力、沟通能力。

（3）激发学员顽强拼搏、勇争第一的进取精神。

（四）场地、器材与装备

（1）平整宽阔的场地。

（2）报纸、胶带、剪刀若干。

（五）项目的实施

（1）培训师宣布项目名称和项目目标。

（2）培训师给各小组分发物资，要求各小组制作能容纳全组学员的闭合履带式“风火轮”。

（3）“风火轮”制作完成后，培训师让各小组练习如何在不破坏“风火轮”的情况下以最快的速度前进。

（4）培训师组织各小组比赛，并要求在比赛过程中“风火轮”不能断裂，“风火轮”内的全体学员的脚必须踩在报纸上，不能直接踩在地面上。

（六）人员要求

每组 8 ~ 15 人。

（七）分享与回顾

（1）在制作“风火轮”和比赛过程中，你分别扮演什么角色？

（2）你认为你们小组有哪些亮点和不足？

（3）你如何看待比赛的胜负？

（八）注意事项

（1）培训师在学员制作“风火轮”的过程中，一定要提醒他们注意制作的技巧和质量。比如，胶带要沿着履带纵向粘，这样可以提高“风火轮”的耐用性。

（2）培训师要提醒学员“风火轮”制作完成后可以先练习再比赛。

（3）比赛中如果“风火轮”断裂，学员可以在修补后继续比赛。

十四、团队五子棋

（一）项目概述

团队五子棋项目要求学员依次接力下五子棋，率先连成五子的小组获胜。

（二）项目类型

团队协作型项目。

（三）项目目标

（1）培养学员的沟通能力和执行能力。

（2）培养学员的统一协调能力。

（3）培养学员的应变能力。

（四）场地、器材与装备

（1）在平整的场地上画 1 个正方形棋盘（6×6 个格子），每个格子为边长 30 ～ 40 厘米的正方形。

（2）2 种不同颜色的棋子各 5 枚。

（五）项目的实施

（1）培训师宣布项目名称和项目目标。

（2）培训师介绍项目规则：

①每组学员都排成一路纵队，以接力的形式依次出发，前 5 位学员手里各拿 1 枚棋子摆放在格子里；

②后面的学员通过移动本组的棋子，使本组的 5 枚棋子连成一条直线或者阻止对方的棋子连成一条直线；

③率先连成五子的小组获胜。

（3）每组学员必须接力出发，前一位学员回来前下一位学员不能出发。回来的学员排到队尾，只有当全组学员都出发过一次，才能有人第二次出发，只有当全组学员都出发过两次，才能有人第三次出发，以此类推。

（4）只能移动本组的棋子，不能移动对方的棋子。

（5）不得故意阻挡对方学员的行动，否则视为违例。

（6）注意，没有要求双方必须轮流下子或移动棋子，只要本组前一位学员回来，下一位学员就可以出发。

（7）如果场地内不适合奔跑，学员可以快走。

（六）人员要求

分为 2 ~ 8 组，每组 8 ~ 15 人，身体健康。有严重外伤史或外伤未愈者，有高血压、心脏病等心脑血管疾病者不适合参加。

（七）分享与回顾

（1）如何正确看待比赛的胜负？

（2）你从该项目中获得了什么经验？出现了哪些错误？为什么？

（3）谈谈统一指挥和执行力在团队中的重要性。

（八）注意事项

（1）两组比赛时，培训师可以根据比赛时间和学员的体能情况安排比赛轮次，比如三局两胜或五局三胜等。

（2）多组比赛时，培训师需要提前确定比赛的赛制和方法，比如采用淘汰赛还是循环赛等。

（3）可以用颜色不同、大小合适的锥桶，也可以因地制宜用不同的矿泉水瓶或其他物体代替棋子。

（4）学员接力时可以用接力棒交接，也可以采用击掌的方式。

（5）比赛过程比较激烈，培训师要提醒学员注意安全。

十五、翻叶子

（一）项目概述

翻叶子项目要求全体学员站在一片“叶子”（帆布）上，然后在身体任何部位都不接触地面的情况下把“叶子”翻过来，站在它的反面，见图 6–20。

图 6–20　翻叶子

（二）项目类型

团队沟通协作型项目。

（三）项目目标

（1）培养学员的沟通能力和执行能力。

（2）提升团队的凝聚力和学员之间的亲密度。

（3）培养学员的决策能力。

（四）场地、器材与装备

（1）平整的场地。

（2）1 块 1.5 米 × 2.5 米的帆布。

（五）项目的实施

（1）培训师宣布项目名称和项目目标。

（2）培训师介绍项目规则：全体学员站在一片“叶子”上，在任何学员的身体部位都不接触地面的情况下把“叶子”翻过来，站到它的反面。

（3）注意保持重心稳定。

（六）人员要求

8 ~ 20 人。

（七）分享与回顾

（1）你们是如何决策和沟通的？

（2）你对你们小组的表现是否满意？有哪些亮点和不足？

（3）你在活动中扮演什么角色？

（八）注意事项

（1）帆布的大小要以全体学员紧凑站立在帆布上时所占面积的 2 倍为宜。

（2）培训师要严禁学员做出危险动作，比如把人托举至超过肩部的位置。

第七章　常用热身游戏

一、大树与松鼠

（一）项目类型

团队破冰项目，见图 7–1。

图 7–1　大树与松鼠

（二）项目目标

（1）活跃团队气氛。

（2）提升学员的参与度。

（3）吸引学员的注意力。

（三）场地、器材与装备

平整的场地。

（四）项目的实施

（1）培训师宣布项目名称和项目目标。

（2）培训师介绍项目规则：

①3人一组，将全体学员分成若干组，每组中2人扮演大树，面向对方伸出双手搭成一个圆形的“树洞”，第3个人扮演松鼠站在“树洞”中间，培训师或未能成组的学员担任自由角色；

②当培训师喊“下雨了”，扮演松鼠的学员就必须离开原来的“大树”，重新选择其他“大树”，这时自由角色成为“自由松鼠”也乘机寻找“树洞”，最后由没有找到“树洞”的“松鼠”表演节目；

③当培训师喊“刮风了”，扮演大树的学员就必须离开原来的“松鼠”，重新选择其他“松鼠”，这时自由角色成为“自由大树”也乘机寻找“松鼠”，最后由没有找到“松鼠”的“大树”表演节目；

④当培训师喊“地震了”，全体学员要重新组合，最后落单的学员表演节目。

（五）人员要求

10～50人，身体健康。有严重外伤史或外伤未愈者，有高血压、心脏病等心脑血管疾病者不适合参加。

（六）培训注意事项

（1）培训师要提醒学员在跑动中注意安全，以免摔倒或发生碰撞。

（2）培训师可以让学员先试验两轮再正式开始，以便他们熟悉口令和规则。

二、水果蹲

（一）项目类型

团队破冰项目，见图 7–2。

图 7–2　水果蹲

（二）项目目标

（1）增强团队的凝聚力。

（2）提升学员对团队的认同感。

（3）吸引学员的注意力。

（三）场地、器材与装备

平整的场地。

（四）项目的实施

（1）培训师宣布项目名称和项目目标。

（2）培训师介绍项目规则：

①全体学员分成若干组，每组学员面向内围成一个圆圈，把手搭在左右同伴的肩上，选取一个水果名称作为自己的组名，要求各组组名不能重复，比如“苹果”“香蕉”“橘子”等；

②培训师指定一个组开始，比如“苹果队”，“苹果队”全体喊：“苹果蹲，苹果蹲，苹果蹲完，香蕉蹲。”并跟着口令做4个蹲起（每喊一个“蹲”字做一个蹲起）；

③这时“香蕉队”必须在第一时间接力蹲起，并喊：“香蕉蹲，香蕉蹲，香蕉蹲完，橘子蹲。”各组依次接力。

（3）由没有及时接力或声音、动作不统一的小组表演节目。

（五）人员要求

分为3～8组，每组4～15人。

（六）注意事项

（1）如果培训中出现两个组反复喊对方接力的情况，可以增加规则：如果A喊B蹲，B不能直接喊A蹲，只能喊C或者D蹲。这样能保证所有小组都参与进来。

（2）可以增加难度。各组再选取一个水果名称作为组名，其他组喊到哪个名称，就用哪个名称回应。

三、梅花朵朵开

（一）项目类型

团队破冰项目，见图 7-3。

图 7-3 梅花朵朵开

（二）项目目标

（1）活跃团队气氛。

（2）提升学员的参与度。

（3）提升学员的反应速度和灵敏度。

（三）场地、器材与装备

平整的场地。

（四）项目的实施

（1）培训师宣布项目名称和项目目标。

（2）培训师介绍项目规则：

①全体学员手拉手围一个圆圈，以统一的步伐向同一方向转圈行进，同时大声喊："梅花、梅花几朵开？"

②如果培训师回答："梅花、梅花没有开。"学员们则继续行进，如果培训师喊："梅花、梅花 3 朵开。"学员们必须在第一时间以 3 人一组抱成一团，并迅速蹲下。

③以此类推，培训师喊几朵开就需要几个人组成一组。

（3）由没有组成小组的学员表演节目。

（五）人员要求

12 ~ 100 人。

（六）注意事项

（1）培训师可以让每轮没有成组的学员表演节目，活跃团队氛围。

（2）培训师可以让学员先进行步法练习，比如双向交叉步练习。

（3）培训师可以让学员先试验两轮再正式开始，以便熟悉口令和规则。

（4）培训师可以先从较小的数字开始，比如 2 或 3，然后逐渐加大难度。

四、大网捕鱼

（一）项目类型

团队破冰项目，见图 7–4。

图 7–4 大网捕鱼

（二）项目目标

（1）活跃团队气氛。

（2）提升学员的体能。

（3）培养学员的协作能力。

（三）场地、器材与装备

平整的场地。

（四）项目的实施

（1）培训师宣布项目名称和项目目标。

（2）培训师介绍项目规则：

①划定一个有明显界线的区域为“鱼塘”；

②开始时，选一位体能较好的学员扮演“渔网”，其余学员扮演“鱼”；

③“渔网”的任务是在“鱼塘”里抓“鱼”，只要碰到就算抓到，抓到的“鱼”变为“渔网”，和原来的“渔网”手拉手组成新“渔网”，继续去抓其他的“鱼”。

（3）“渔网”只有在完整连接的状态下抓到“鱼”才有效，如果“鱼”出界，属于“自投罗网”也算被抓到。

（4）在规定时间内未被抓到的“鱼”获胜。

（五）人员要求

10 ~ 50人。身体健康。有严重外伤史或外伤未愈者，有高血压、心脏病等心脑血管疾病者不适合参加。

（六）注意事项

（1）培训师要根据人数和学员的体能情况确定场地的大小。

（2）开始时可以划定较小的“鱼塘”，随着“渔网”不断变大，可以扩建“鱼塘”。

（3）培训师可以将速度较快的学员分配到“渔网”的两端来抓“鱼”。

（4）培训师提醒“渔网”要有统一的指挥。

（5）培训师要提醒学员不要强行拖拽跑得慢的学员，以免摔倒。

五、人椅

（一）项目类型

团队破冰项目，见图 7–5。

图 7–5 人椅

（二）项目目标

（1）增强团队的气势和信心。

（2）激发学员勇于尝试和挑战的精神。

（3）增强团队的凝聚力。

（三）场地、器材与装备

平整的场地。

（四）项目的实施

（1）培训师宣布项目名称和项目目标。

（2）培训师介绍项目规则：全体学员围成一个圆圈，像坐椅子一样坐在后面学员的腿上，并且能够保持队形移动一圈。

（五）人员要求

15 ~ 50 人。

（六）注意事项

（1）相邻学员的距离要适当近一些，保证后面学员的脚尖顶着前面学员的脚跟。

（2）只有全体学员都“放心”地向后坐，挑战才能成功。如果只是蹲着的话，学员坚持的时间不会很长，队伍也很难移动起来。

（3）移动时全体学员要协调统一地左右摆动。

六、传人

（一）项目类型

团队破冰项目，见图 7–6。

图 7–6　传人

（二）项目目标

（1）增强团队的气势和信心。

（2）培养学员的协作能力。

（3）激发学员勇于挑战的精神。

（三）场地、器材与装备

平整的场地。

（四）项目的实施

（1）培训师宣布项目名称和项目目标。

（2）培训师介绍项目规则：全体学员分成两排面对面站立，将团队中的某位学员举起从队首传递到队尾。被传学员平躺，身体挺直，双手抱于胸前。

（五）人员要求

15 ~ 40人，身体健康。有严重外伤史或外伤未愈者，有高血压、心脏病等心脑血管疾病者不适合参加。

（六）注意事项

（1）学员要注意传递的方向，要向被传学员的脚的方向传递，以便其安全落地。

（2）被传学员尽量平躺，挺直身体，以便其他学员传递。

（3）培训师在分配小组时要保证学员的力量均衡，不要把力量小的学员安排在一起。

（4）培训师要提醒学员注意被传学员落地时的安全，待他的脚落地后再把他的身体扶正。

七、怪兽

（一）项目类型

团队破冰项目，见图 7-7。

图 7-7　怪兽

（二）项目目标

（1）激发学员的创新精神。

（2）提升学员的参与度。

（3）提升学员的集体荣誉感。

（三）场地、器材与装备

平整的场地。

（四）项目的实施

（1）培训师宣布项目名称和项目目标。

（2）培训师介绍项目规则：全体学员（用 X 代替）组成一个只有 M 只脚和 N 只手可以着地的“怪兽”，身体其他部位不能着地。

（3）鼓励全体学员开动脑筋，群策群力。

（五）人员要求

10 ~ 20 人。

（六）注意事项

（1）鼓励全体学员拓展思路进行尝试，培训师要注意学员一旦有危险动作要及时制止。

（2）如果学员们屡次尝试都没有成功，培训师可以适当给予提示，比如，4 位学员单脚站立，抬起的腿交叉缠绕以保持身体平衡，其余学员以此为平台把腿搭在上面用手撑住地面。

八、解手链

（一）项目类型

团队破冰项目，见图 7–8。

图 7–8　解手链

（二）项目目标

（1）拉近学员之间的距离。
（2）提升学员的参与度。
（3）提升学员的沟通能力和协调能力。

（三）场地、器材与装备

平整的场地。

（四）项目的实施

（1）培训师宣布项目名称和项目目标。
（2）培训师介绍项目规则：

①全体学员面对面围成一个圆圈，学员用右手抓住左边相邻学员的左手，左手拉住右边相邻学员的右手；

②全体学员在不将手分开的情况下，把这个复杂的“手链”解开。

（3）要求参加人数为双数，如果人数为单数可以找一位学员出列指挥。

（五）人员要求

10 ~ 20 人。

（六）注意事项

（1）随机握手会产生三种结果，第一种结果是形成一个大圆圈，第二种结果是形成解不开的“死结”，第三种结果是形成多个圆圈。

（2）培训师可以增加难度，要求学员解开“手链”后必须形成一个大圆圈，可以让学员反复练习。

（3）培训师要提醒学员不要在拉着手的情况下强行转圈，以免受伤。

九、坐地起身

（一）项目类型

团队破冰项目，见图 7-9。

图 7-9　坐地起身

（二）项目目标

（1）增强团队的凝聚力。

（2）提升学员的参与度。

（3）吸引学员的注意力。

（三）场地、器材与装备

平整的场地。

（四）项目的实施

（1）培训师宣布项目名称和项目目标。

（2）培训师介绍项目规则：全体学员背对背面向外，坐在地上围成一个圆圈，双手挽住左右相邻学员的胳膊后，于胸前握紧，在不借助外物的情况下一起站起来。

（五）人员要求

2 ~ 20人。

（六）注意事项

（1）开始可以两人一组进行，然后逐渐增加人数。

（2）人数多时可以分成多组进行。

十、蛟龙出海

（一）项目类型

团队破冰项目，见图 7–10。

图 7–10　蛟龙出海

（二）项目目标

（1）培养学员的沟通能力、协作能力。

（2）培养学员分析问题、解决问题的能力。

（3）培养学员的集体主义观念。

（三）场地、器材与装备

（1）平整的场地。

（2）绑腿绳若干。

（四）项目的实施

（1）培训师宣布项目名称和项目目标。

（2）培训师介绍项目规则：全体学员横排站立，将相邻学员的相邻腿绑起来共同向一侧行进。学员只能以走步的形式行进，不能以跳跃或“小碎步”的形式行进。

（3）全体学员屈膝，躯干向前，绑腿绳要绑在脚踝处。

（五）人员要求

每组 5 ~ 15 人。

（六）注意事项

（1）全体学员一定要屈膝，躯干向前，这样即使摔倒也是向前的，要避免向后摔倒。

（2）诀窍：在活动开始时，全体学员喊“1、2”的口令，喊“1”时把脚并拢，喊“2”时把脚分开。

（3）培训师要严禁学员强行拉拽其他学员行进。

十一、兔子舞

（一）项目类型

团队破冰项目，见图 7-11。

图 7-11　兔子舞

（二）项目目标

（1）活跃团队气氛。

（2）提升学员的参与度。

（3）提升学员的动作协调能力。

（三）场地、器材与装备

平整的场地。

（四）项目的实施

（1）培训师宣布项目名称和项目目标。

（2）培训师介绍项目规则：全体学员围成一个圆圈，将双手搭在前面学员的肩膀上，一边喊口号一边按照节奏共同跳舞。

（3）口号和舞蹈动作：口号为“左、左，右、右，前、后，前、前、前”，舞蹈动作为学员喊“左”时左脚向左侧迈出脚跟点地一次，喊“右”时右脚向右侧迈出脚跟点地一次，喊“前”时双脚向前跳一次，喊“后”时双脚向后跳一次。

（4）熟练后可以跟着音乐节奏来跳舞。

（五）人员要求

10 ~ 100人。

（六）注意事项

（1）培训师可以让跟不上队伍或节奏的学员表演节目——促使学员提高专注度。

（2）培训师先让学员做分解动作练习，然后让学员一起喊口令连续练习，熟练后再跟着音乐节奏跳舞。

（3）可以通过变换连接方式加大难度，比如左手向前伸，右手经左臂腋下向后握住后面学员的左手。

十二、生日排序

（一）项目类型

团队破冰项目。

（二）项目目标

（1）活跃团队气氛。

（2）培养学员的沟通能力。

（3）培养学员之间的默契。

（三）场地、器材与装备

（1）平整的场地。

（2）1 块长 4 米、宽 30 ～ 40 厘米的木板，或在地面画同样大小的格子。

（四）项目的实施

（1）全体学员随机站到木板上或格子里。

（2）培训师介绍项目规则：全体学员在不允许讲话和借助任何工具的情况下，按照阳历生日的大小重新排序，在此过程中学员不得踩到木板或者格子以外的地方。

（3）培训师要注意规则的遵守情况和学员的安全。

（五）人员要求

8 ～ 30 人。

（六）注意事项

（1）如果人数较多，场地不够大，可以把队伍排成三角形或四边形、圆形。

（2）培训师要严格监控，学员既不能讲话也不能用嘴发出任何声音。

（3）排完序后，全体学员重新把阳历生日报一遍，检查排序结果是否正确，如果有错误，则分析出现错误的原因。

第八章　团队模拟沙盘游戏

模拟沙盘游戏又称沙盘模拟培训、沙盘推演和沙盘演练，它源自军事上的战争沙盘模拟推演，通过引领学员进入一个模拟的竞争性行业或一个事件，组织学员分组建立若干团队，借助形象直观的沙盘教具模拟企业经营、团队管理、市场竞争等情境，来提升学员的执行力、领导力以及对突发事件的应变处理能力。

模拟沙盘游戏具有互动性、趣味性、竞争性的特点，能够最大限度地调动学员的学习兴趣，运用听、说、学、做、改等一系列学习手段，让学员对所学内容形成深度记忆，并将学到的管理思路和方法运用于实际工作。

本章介绍的是比较经典和专业的团队模拟沙盘游戏，只有在专业老师的指导下、借助专门的沙盘教具才能顺利进行。

一、沙漠掘金

（一）项目概述

“沙漠掘金”是经典的模拟沙盘游戏，各小组要有效地配置资源，在规定时间内获取尽可能多的黄金。

“沙漠掘金”是检验和训练学员系统思考和管理能力的游戏。学员需要多角度分析信息、沟通、竞争、压力等方面的问题，在寻找解决方法的同时，探究团队工作的固有模式。根据反馈，大部分学员承认他在“沙漠掘金”中展现的行为方式与自己平时的行事方法吻合度极高。

（二）项目类型

团队策略型项目。

（三）项目目标

（1）提升学员对目标选择的重要性的认识，帮助学员树立精益求精、追求卓越的理念。

（2）提升学员的计划能力，使学员领悟计划的价值和以效果为导向做计划的重要性。

（3）提升学员的项目管理能力，提升学员通过 PDCA 循环持续改进工作的能力。

（4）提升学员的协作能力和决策能力。

（5）进一步明确资源的定义，提升学员的资源配置能力。

（6）让学员厘清行动和产出的关系，学会如何高效工作。

（7）提升学员的应变能力和危机处理能力。

（四）场地、器材与装备

（1）可以播放课程 PPT 的多媒体教室或会议室，桌椅若干。

（2）专业的沙盘教具、电脑、课程 PPT。

（五）项目的实施

（1）培训师宣布项目名称，介绍故事背景。神秘的楼兰古城有一座金矿，全体学员将分成若干个小组去那里掘金，每个小组有一辆越野车和若干位组员。

（2）培训师根据学员的总人数分组，每组 6 ~ 10 人。分配组内角色，车长的主要任务是管理组员，做好时间管理，鼓舞士气；分析员的主要任务是分析当前形势；贸易员的主要任务是进行货物交易；联络员的主要任务是与外界沟通联络；计划员的主要任务是制订计划、督导计划的实施；资源专家的主要任务是看管、统计物资。

（3）各组学员给小组起名，编口号和组歌，并展示。

（4）培训师介绍项目规则。

①分发并检查每个小组的物资。每个小组的物资：地图、一辆越野车（玩具小汽车）、价值6000元的物资。物资由卡片代表，如表8–1。

表8–1 物资价格表

图标	物资	单价（元）
	食物	160
	燃油	80
	帐篷	80
	备用轮胎	240
	电池	80
	金钱	80
	无线电对讲机	0

②“沙漠掘金”模拟的是为期 20 天的掘金之旅，各小组要在 20 天内从大本营乌鲁木齐出发到达楼兰古城掘金并安全返回乌鲁木齐。最终得到金子最多的小组获胜。

③从乌鲁木齐通往楼兰古城的路线有 3 条，分别是高地、高原和低洼地带。地图上每个格子（不论大小是否规则）都代表 1 天的行程。往返可以选择不同的路线，见图 8–1。

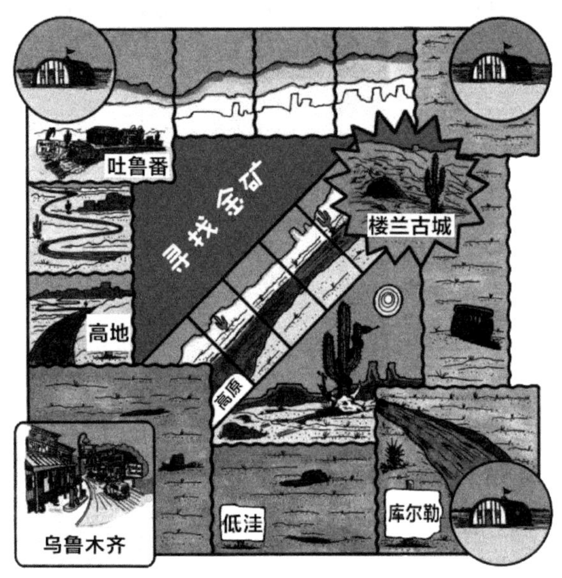

图 8–1 沙漠掘金

④一路上各小组会遇到不同的天气，在不同的天气下行进在不同的路线上，消耗的物资会有所不同。在晴天的各种路线上，每天消耗 1 份食物和 1 份燃油；在暴风雨天，低洼地带每天消耗 1 份食物和 2 份燃油，其他路线每天消耗 1 份食物和 1 份燃油；在沙尘暴天气下的各种路线上，每天消耗 2 份食物和 4 份燃油。另外，在楼兰古城中除了每天都会消耗 1 顶帐篷外，在晴天和暴风雨天每天会消耗 1 份食物和 1 份燃油，在沙尘暴天气下每天会消耗 2 份食物和 4 份燃油。在库尔勒等待时每天会消耗 1 份食物和 1 份燃油。可以携带无线电对讲机和备用轮胎，以备不时之需，见图 8–2。

图 8-2 不同天气下的物资消耗

⑤每在楼兰古城停留 1 天并上交资源就可以获得 1 份金子。

⑥出发前，各小组可以在乌鲁木齐任意交换物资，一旦出发，各小组就只有在路过贸易站时才能和贸易站进行物资交换（贸易站位于地图的四个角上，分别是吐鲁番贸易站、乌鲁木齐贸易站、

库尔勒贸易站和右上角的无名贸易站），并始终采用以物易物的等值交换方式。小组也可以和其他小组交换物资，但必须在同一地点交换，并且需要到总指挥处报备，组间的交易原则是只要双方自愿交换就可以，无须等值。

⑦各小组可以在贸易站“购买”以下3种信息：吐鲁番的视频、楼兰古城的视频和未来5天的天气预报。“购买”无须花钱，但需要在原地等待1天来“观看”。吐鲁番的视频、楼兰古城的视频会分别介绍吐鲁番、楼兰古城以及沿途的一些情况，1份天气预报包含5天的天气信息，分别是1 ~ 5天、6 ~ 10天、11 ~ 15天、16 ~ 20天。天气预报基本准确但不是百分之百准确。

⑧第一个返回的小组带回的金子，每块可兑换2000元；第二个返回的小组带回的金子，每块可兑换1900元；第三个返回的小组带回的金子，每块可兑换1800元；第四个返回的小组带回的金子，每块可兑换1700元；第五个返回的小组带回的金子，每块可兑换1600元；其他小组带回的金子，每块可兑换1500元。

⑨如遇到紧急情况，无法返回乌鲁木齐，小组可以用无线电对讲机呼叫总指挥处请求直升机救援。直升机将在当天把该小组人员带回乌鲁木齐，但该小组需要上交所得金子的一半。

（5）开启掘金之旅，根据项目预先安排好的天气情况和本小组选择的路线上交每天所消耗的物资，并获得金子。

（6）各小组回到乌鲁木齐后，掘金之旅结束，计算每个小组的成绩。获得金子的价值为该小组的最终成绩。

（六）人员要求

分为3 ~ 10组，每组6 ~ 10人。

（七）分享与回顾

（1）你们的目标是什么？你们打算怎样实现目标？

（2）你们经历了什么？其间，有哪些不足之处，怎样才能做得更好？

（3）你是如何完成自己的角色任务的？

（4）谈谈沙盘中的要素和实际工作中的要素的对应关系。比如，小组代表经营中的企业（团队），金子代表企业利润，燃油和食物代表企业的生产成本，天气代表外部市场，视频代表外部的咨询机构，其他的同行小组代表竞争对手或是合作伙伴。

（5）谈谈明确的目标和目标的可执行性对团队完成任务的重要性。

（6）总结团队在完成任务过程中是如何运用 PDCA 循环的。

（7）你是如何理解“科学的程序是执行的保障”这句话的？

（8）马斯洛说，心若改变，你的态度将跟着改变，态度改变，你的习惯将跟着改变，习惯改变，你的性格将跟着改变，性格改变，你的人生将跟着改变。态度决定行为，行为养成习惯，习惯造就性格，性格决定命运。谈谈良好心态的重要性。

（八）注意事项

（1）培训师讲解完项目规则后，要给学员充分的时间确定目标、制订计划、商讨策略，要及时解答学员的问题，及时提醒学员忽略的问题。

（2）在项目进行过程中，培训师要让各小组先“挪车”再公布天气情况，然后再让各小组上交消耗的物资。注意，只有车长可以“挪车”。

（3）要有时间限制，各小组必须在规定时间内完成相应的任务。

（4）在项目进行过程中，只有联络员能随意走动联络其他小组，其他人不得随意离开座位。

（5）小组完成任务回到乌鲁木齐后，可以合唱“掘金之歌”来庆祝凯旋。

二、模拟联合国

（一）项目概述

“模拟联合国”是一个经典的团队沟通类沙盘游戏。将全体学员分成10个“国家”，各“国家”通过相互之间的“自由交换”与“竞赛”，实现对“国民”的承诺和建立“联合国”的目标。沟通和博弈是该项目的主线，而如何有效地沟通，如何理解竞争与合作的关系则是它的主题。

（二）项目类型

团队沟通型项目。

（三）项目目标

（1）加强学员对目标的理解，提升其执行能力。
（2）提升学员的沟通能力，促使其掌握高效的沟通技巧。
（3）提升学员的接纳和包容能力。
（4）提升学员的团队协作能力和群体决策能力。
（5）学员进一步理解竞争与合作的关系。

（四）场地、器材与装备

（1）可以播放课程PPT的多媒体教室或会议室，桌椅若干。
（2）专业的沙盘教具、电脑、课程PPT。

（五）项目的实施

（1）培训师宣布项目名称，介绍故事背景。很久以前，有一个古老的大陆，在这个大陆上有10个“国家”，这10个“国家”有不同的风土人情和资源情况，它们既相互合作又充满竞争。

（2）培训师根据学员的总人数分组，每组4～8人，分10组分别代表10个“国家”。分配组内角色，“总统”（1人）的主要任务是管理“国民”，做好时间管理，鼓舞士气，制定“国策”，是决策者；“全权大使”（1～3人）的主要任务是与外界沟通联络，出访“各国”进行谈判，建立邦交；“信息官”（1～2人）的主要任务是收集各种信息，帮助“国家”做出正确的决策；“财务官”（1～2人）的主要任务是看管、统计各种资源。

（3）每组分别展示和介绍自己代表的“国家”，编创并展示“国歌”。每个“国家”有1本“护照”，上面有各个“国家”的基本情况和友好“国家”、一般关系“国家”、敌对“国家”的情况。

（4）培训师分发并检查每组的物资。每组的物资包括1面“国旗”，1本“护照”，1个“总统”胸牌，1～3个“全权大使”胸牌，1～2个“信息官”胸牌，1～2个“财务官”胸牌。每组配有若干的黄金、水、粮食、诽谤球，分别用图8-3中的卡片代表。

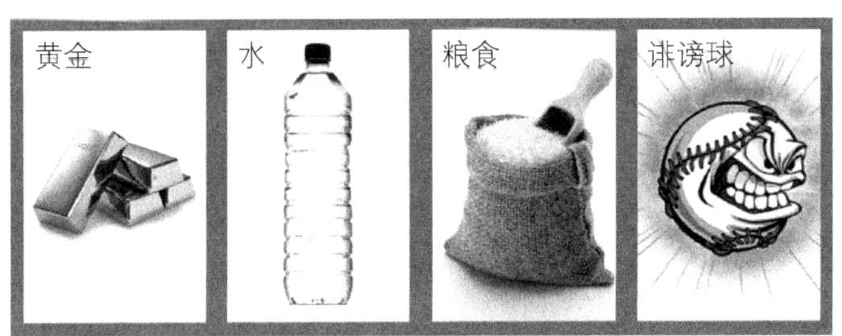

图8-3 代表物资的卡片

（5）培训师介绍项目规则。

①活动分5轮（代表5年）进行，分为自由交换、竞赛、承

诺兑现 3 个部分。

②各“国家”的起始物资的数量是不一样的。

③自由交换时交换物资没有比例限制，只要双方自愿即可。黄金、水、粮食、诽谤球都可以交换。

④物资的交换只能在友好“国家”和一般关系“国家”之间进行，禁止与敌对“国家”交换物资。

⑤如果通过自由交换未获得足够的物资，比如 A 国认为自己的粮食短缺时，可以针对粮食物资，对 B 国发起竞赛挑战，挑战的方式就是依次扔出诽谤球（由发起国先扔），双方进行 N 个回合的较量，最终先没有诽谤球的一方告负，获胜方将获得失败方的所有粮食。

⑥当 B 国因没有诽谤球而无法回击时，可以请 C 国（不计关系）携手对抗，当然本规则也适用于 A 国。

⑦当 C 国接到携手对抗请求时，可以接受也可以拒绝。

⑧当有众多“国家”参与到 A 国与 B 国的竞赛时，最终的获胜方（假设为 A 国）有权支配失败方（包括 B 国和协助 B 国的国家）发动竞赛的物资。

⑨活动结束后，按照完成承诺的情况决定优胜小组，未完成承诺将被扣分。

⑩计分规则是每年未完成一项承诺扣 10 分，输掉一次竞赛扣 10 分，赢得一次竞赛加 10 分（只包括主战国）。

（6）开始沙盘推演，按照第一年自由交换、第一年竞赛、第二年自由交换、第二年竞赛、第三年自由交换、第三年竞赛、第四年自由交换、第四年竞赛、第五年自由交换、第五年竞赛的顺序进行。每年的自由交换时间为 10 分钟左右。竞赛要进行到没有“国家”再发动竞赛为止。

（六）人员要求

分为 10 组，每组 4 ～ 8 人。

（七）分享与回顾

（1）在游戏中，你的“国家”卷入竞赛了吗？为什么？你认为是什么让那些“国家”躲过了竞赛？

（2）在实际工作中，你有类似的竞赛经历吗？请举例。

（3）你利用了哪些物资？

（4）你忽略了哪些物资？为什么？

（5）无论是在游戏还是工作中，我们总是觉得“缺乏物资”，你认为真正缺乏的是哪类物资？

（6）你认为沟通的目的是什么？沟通的效果取决于什么？

（7）你认为什么是有效沟通？

（8）谈谈沟通的禁忌，比如沉默回避、暴力对抗等。

（9）谈谈你对有效沟通的流程“编码—渠道—解码—反馈”的理解。

（10）你认为无效沟通的原因有哪些？比如情绪性冲突由个人情感、性格等方面引起；实质性冲突是双方在工作中互相不理解、不配合造成的。

（11）谈谈有效沟通的原则，比如双赢思维、知己知彼。

（12）谈谈常用的沟通技巧，比如事实沟通、对话式沟通、非语言沟通等。

（八）注意事项

（1）培训师在培训开始前让所有“国家”围成一个半圆形，各“国家”的位置固定，不要随意调换。

（2）培训师可以在所有“国家”前面挂一个积分表，营造紧张的活动氛围。

（3）培训师规定每年的自由交换时间为10分钟左右，也可以根据实际情况适当增减。

（4）竞赛的发起者和顺序不要固定不变，公平起见，可以采用轮流或随机的形式决定，也可以采用做小游戏的方式由获胜者决定。

（5）培训师注意把控各个环节的时间。

三、铁路大亨

（一）项目概述

“铁路大亨 ”沙盘游戏以公司运营为背景，培训师将全体学员分为 10 个小组，每组 4 ～ 11 人。每组模拟一个铁路公司来经营一座自带列车的车站，项目时间为 3 ～ 4 小时，游戏结束时培训师按照经营状况决定优胜组。每组要对诸多项目做出决策，比如原材料的采购和销售，运营工具和产品的升级，信息的收集、分析与整理等，对这些项目单独做出决策似乎很容易，但是当它们组合在一起时，会产生许多不同的选择，导致不同的结果。决策的依据是公司内部经营状况所需，另外需要着重考虑的是竞争对手如何运作。学员会扮演站长、列车长、首席财务官、仓库管理员、车站员等多种角色。在游戏过程中，各组会频繁地交易，学员要通过分析、谈判、沟通，努力提高自己所在小组的绩效，使小组的利润最大化。

学员要思考自己在游戏过程中暴露的问题，这样有助于提升自身认知，改善自身行为。学员还要和组内其他学员合作，建立伙伴关系，从而创造双赢的结果。

（二）项目类型

团队沟通型项目。

（三）项目目标

（1）学员学会如何建立有效的流程。

（2）学员学会如何建立良好的伙伴关系。

（3）学员学会如何了解现有客户的需求。

（4）学员学会如何追求利润最大化。

（5）学员学会如何进行快速且明确的沟通。

（四）场地、器材与装备

（1）可以播放课程 PPT 的多媒体教室或会议室，桌椅若干。

（2）专业的沙盘教具、电脑、课程 PPT。

（五）项目的实施

（1）培训师宣布项目名称，介绍故事背景。全体学员将模拟组建 10 个铁路公司，每个公司要通过运营，与其他公司合作、博弈来实现利润最大化。

（2）培训师根据学员的总人数分组，共分 10 个小组，每组 4 ~ 11 人。每个小组内部又分为车站组和列车组，见图 8-4。

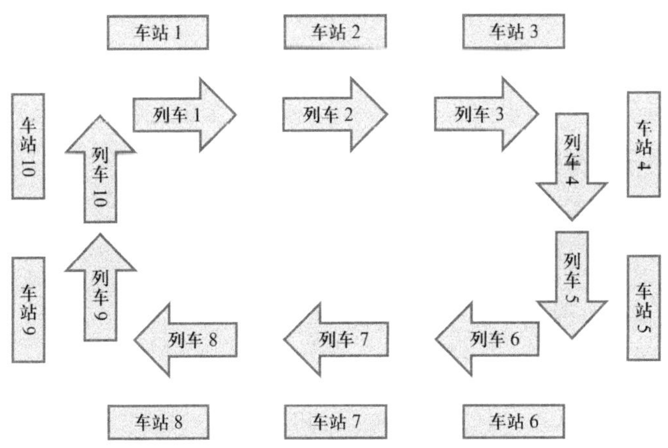

图 8-4　车站组和列车组

车站组成员：

首席执行官负责公司的日常管理工作，拥有对公司的经营决策权，对公司整体的经营业绩负责；

首席技术官负责公司的技术支持，关注升级产品的运营情况；

车站首席运营官有权决定本车站提供原材料的数量和价格，采购原材料的数量和价格，以及有关公司成品生产、交货和收款的事项；

站长负责车站的正常运作，对车站的安全、交易货物的安全负责，严格遵守列车到站、出站的时间；

仓库管理员负责原材料的配置与成品的交货；

车站员负责谈判，争取高价卖出原材料。

列车组成员：

首席财务官负责公司的财务管理工作，掌管现金，拥有对公司使用货款的监督权，以及对划账、贷款的决定权，对公司整体的财务状况负责；

首席信息官负责公司的信息收集与整理工作，了解市场动态，对原材料的配置和数量拥有建议权；

列车首席运营官带领列车员依次经过其他公司，卖出列车上的原材料或者采购其他公司的原材料，他对沿途交易拥有决策权；

列车长负责列车的正常运行，对列车上的货物的安全负责，严格遵守列车到站、出站的时间；

列车员负责谈判，争取低价采购原材料。

（3）分别介绍各自的小组和组内角色。

（4）培训师介绍项目规则。

全体学员围成两个圈就座，其中外圈是车站组，内圈是列车组。在起始位置，本公司的列车组和车站组一起制定策略与方案，然后每过一定的时间，列车组就要按顺时针方向移动一个位置，车站组则保持不动，这样每个公司的列车将依次经过其他公司的车站，当列车行驶一圈回到自己的车站时，一个周期结束。各站可以根据市场情况和策略产出不同的成品，当本公司列车经过其他车站或其他列车到达本公司车站时，两个公司就可以进行买卖或交换成品。列车和车站都有不同的等级，等级越高，装载和储存成品的能力越强，但价格也会更高。

各公司都会从相同等级的车站开始经营，每个车站都会产出多种原材料并生产某种成品，但是其自身缺少生产该成品所需的原材料，为了达到最大盈利，每个公司都要尽可能多地卖出自产的原材料并采购自身生产需要的原材料，每个公司的列车先经过其他公司的车站销售或采购原材料，再回到自己的车站组织生产、结账、计算收益，然后根据收集到的信息做出下一轮的运营决策，周而复始。步骤如下。

①建立、升级车站。运营第一轮，每个车站等级均为 C，运营一轮后方可选择升级。列车运行要考虑运营成本、折旧率，以及维护服务费用。

②人员分配。人员分工：车站管理与列车运营。每年运营开始前，所有人员的分工可以互换。

③制定策略。确定各种原材料的供应价格和数量，确定营销策略，分配现金。

④采购原材料。采购的原材料可装进列车或者存入车站的仓库，采购量为列车运量和车站储存量的总和。现金交易，谢绝还价、赊账，原材料售出，概不退还。

⑤制定采购和供应价格。原材料的采购和供应价格制定后，必须公布在车站标价牌上，本轮运营不得更改；未制定采购和供应价格的原材料不得交易；进站列车必须按照当前站点的采购或供应价进行交易，不得私自变动价格；列车和车站沿途购买的原材料不得超过列车运量和车站储存量。

⑥运营。列车必须沿铁路顺时针运行，依次经过沿途车站；列车到站和出站的停靠时间为 3 分钟；“本站—沿途车站—本站”

为一个运行周期。

⑦制造成品。根据原材料可以制造成品；每个车站只能制造供需列表中规定该车站可以制造的成品。

⑧交货、收款。交货的同时要结清前一年的列车运营费用，支付下一年的维护服务费用。

（5）车站升级列表

车站分为 A、B、C 三个等级，见表 8–2。

表 8–2 车站等级信息表

车站等级	列车运量	车价（万元）	年折旧费用（万元）	车站储存量	列车运营费（万元）/运行周期	维护服务费（万元）
A	12	200	残值的 1/6	12	80	终身免费维护
B	8	130	残值的 1/6	8	40	免费维护 1 年
C	4	60	残值的 1/6	4	20	无

注：车站维护服务费为 8 万元 / 年。

车站的固定资产折旧信息见表 8–3。

表 8–3 车站固定资产折旧表

单位：万元

轮次	起始等级 C		起始等级 B
	升到等级 B	升到等级 A	升到等级 A
第二轮	80	150	—
第三轮	88	158	92
第四轮	95	165	110

车站折旧后剩余费用见表 8–4。

表 8–4 车站折旧后剩余费用表

轮次	C 等级	B 等级	A 等级
用一轮	50	108	167
用二轮	42	90	139
用三轮	35	75	116
用四轮	30	63	96

（6）项目规则要点

①将采购的原材料装进列车或者存入车站的仓库。

②采购量为列车运量和车站储存量的总和。

③现金交易，谢绝还价、赊账。

④原材料售出，概不退还。

⑤每年运营开始前，所有人员的分工可以互换。

⑥列车必须沿铁路顺时针运行，依次经过沿途车站。

⑦列车行驶时间为 2 分钟，到站和出站的停靠时间为 3 分钟。

（7）违规处罚

公司若违反以下规则，除立即改正外，每次还要被处以 20 万元的罚金。

①列车顺时针运行，依次经过其他公司的车站时，不得超车。

②严格遵守开车时间，不得造成铁路拥堵。

③除列车员外，公司其他员工不得离开车站随意活动。

④列车员只能与当前停靠站上的工作人员交流。

⑤车站工作人员只能与当前停靠列车上的工作人员交流。

⑥列车、仓库均不得超载。

（8）评判标准

数年经营结束后达到总分值第一的公司，夺取唯一的卓越运营奖。总分值计算公式如下：

总分值 = 资产值 + 奖励分值

式中，资产值为车站残值（车站折旧后的价值）、现金值、原材料残值（剩余原材料价值）总和的 1/2。

奖励分值计算公式如下：

奖励分值＝本公司资产值－对手公司资产值

式中，奖励分值≥0时有效。

各组在运营开始前设立一个假想竞争对手，告知培训师，注意保密。

（六）人员要求

分为10组，每组4 ~ 11人。

（七）分享与回顾

（1）小组讨论，至少列出5个今天你们车站在运营中遇到的问题。

（2）本次活动中，你们小组的终极目标是什么？

①囤积原材料，提高供应价格，大赚一笔。

②多方谈判，促进资源流转，共同发展。

③成为最佳的运营团队。

④建立联盟，打击对手，获取更高的奖励分值。

（3）小组讨论，确定本次“铁路大亨”沙盘游戏中的核心驱动要素是什么？理由是什么？

（4）如何才能打造一个可以创造高绩效的小组，你们的下一步行动是什么？

（5）在本次活动中，你们小组是否有以下行为？

①组内学员是否都知道小组的战略目标和愿景，并理解其意义？

②在沙盘游戏过程中，你们小组能否高效运转？

③在决策时，组内学员是否都参与其中？

④你们小组是如何处理分歧的？

（6）你们是如何提高小组合作的效率的？

（7）如何提升学员与他人建立合作伙伴关系的能力？

（8）如何强化学员的关系管理技能？

（9）如何拟定有效的流程以激发学员的创造力？

（10）如何激发学员的工作潜能？

（11）你们小组是如何提升组织绩效，促进跨部门有效沟通的？

（八）注意事项

（1）培训师要根据学员的总人数平均分组，如果每组人数都较少，可以一人兼任多个职务，学员共分成两个小组，即车站组和列车组。极限状态是车站组一人、列车组一人。

（2）各组要注意把控时间，严格执行轮转时间，不能拖沓。因为一个小组的拖延会影响整体的轮转。

（3）在活动中需要的各种原材料和成品都可以用卡片代替。

四、吉塔行星

（一）项目概述

“吉塔行星”是一个能提升团队特别是领导者系统思考能力和情商的沙盘游戏。

在这个以各小组的飞船在吉塔行星坠毁为背景的模拟生死攸关的情景中，必然会出现信息、预测、规划、沟通、竞争、压力等方面的问题。在小组寻找解决方法的过程中，既可以展现学员的团队领导方式，又可以探究学员在协作和领导能力等方面的相关情感。

学员通过“吉塔行星”这个沙盘游戏，可以提高对自身（和他人）情感的认知能力，进而改善自己的行为，提高自己对团队的价值。

一个太空小组有21天的时间来寻找基地的位置，他们在路上还要寻找水源和布兰克。太空小组中的5位学员都掌握着重要的信息（后文知识卡中已给出）。学员迈克尔画了一张1号平面图，指示了降落的位置；学员简有“21天日程”。5位学员每天都可以选择向东、南、西、北中的任意一个方向走，一旦确定走哪条路，他们就能得到一张对应区域的地图。

大家生死与共，没有人能够只救自己，而把别人扔在困境中，所有人都要做出贡献。如果不想整个团队毁于一旦，学员就必须分享自己的知识和想法。

（二）项目类型

团队策略型项目。

（三）项目目标

（1）对团队运作时可能出现的人员合作、沟通、竞争、压力及冲突等问题进行深度挖掘、分析，并找到解决方法。

（2）提升学员的计划能力，使学员领悟计划的价值并认识以结果为导向做计划的重要性。

（3）提升学员的领导能力或者在无领导情况下的决策与协作的能力。

（4）提升学员的团队协作、群体决策的能力。

（5）让学员认识到做好目标设定和目标管理的重要性。

（6）使学员清楚自己的每个行动与产出的关系，从而能利用有限的资源达到产出最大化。

（7）提升学员的风险规避能力和压力管理能力。

（四）场地、器材与装备

（1）可以播放课程 PPT 的多媒体教室或会议室，桌椅若干。

（2）专业的沙盘教具、电脑、课程 PPT。

（3）给每个太空小组 1 份“给学员的提示”“关于吉塔行星的指示和线索”和 41 张平面图；5 张知识卡，分别给迈克尔、乔治、汤姆、简和威廉；给简“21 天日程”。

（五）项目的实施

（1）培训师宣布项目名称，介绍故事背景。

（2）培训师根据学员的总人数分组，每组 5 ~ 7 人，分别扮演迈克尔、乔治、汤姆、简和威廉这 5 个角色，多余学员可以充当教师的角色。

（3）在活动进行前，培训师将材料、知识卡、平面图按照数字顺序排列好，等学员需要时再分发下去。

（4）培训师分发“给学员的提示”，组织学员讨论活动的细节——太空小组所在的地点和工作时间。5 ~ 10 分钟后收回。

给学员的提示

一艘在太空漂泊的飞船降落在了吉塔行星——一个危机四伏的星球。

太空小组必须确定前进的方向，穿过这个星球到达基地。

没有关于这个星球的地图，但是你们能拿到一张平面图，上面标明了飞船降落的位置，以及从这里向东、南、西、北四个方向走一天的路程所能看到的东西。一旦你们确定了走哪条路，就能拿到另一张平面图，上面标明了那个区域的位置，以及从那个区域向东、南、西、北四个方向走一天的路程所能看到的东西。迈克尔、乔治、汤姆、简和威廉都有自己的知识卡。另外，迈克尔画出了 1 号平面图，简有“21 天日程”。

在“关于吉塔行星的指示和线索”中会详细说明具体情况。

关于吉塔行星的指示和线索

飞船坠落了，这个星球危机四伏。在坠落前，你们的飞船在太空中漂泊，没有人知道怎样找到你们，所以你们必须努力找到基地。

你们每个人都会收到知识卡，上面有吉塔行星的信息。显然，这些卡并不会真的在吉塔行星上出现，它们代表的是你们头脑中的信息，所以不要把卡给别人看。但是，如果你确定要把充分、准确的信息传递给别人，那么你可以大声地读出卡上的内容。

你们没有吉塔行星的地图，但是，迈克尔手中有 1 号平面图，上面标明了你们降落的位置，还有在一天的路程中能看到的东西。简手中有“21 天日程”。

虽然测试很简单，但是并不容易完成。确定要走哪条路，然后拿到相应的平面图。

确保每天的行程都记录在简的“日程”上了，不要让简一个人记得做这个工作。

为了避免弄不清楚自己的位置，你们最好用硬币标明自己所在的区域。

注意规则要求：你们不能走对角线，但每天都可以向东、南、西、北四个方向走。你们不能分开行动，所有人每天都必须在一起。

如果（也许某个时候）你们“死”了，那么你们就能拿到剩下的平面图，开始自己的回顾总结了。但是，你也可以提出特别的要求，交回那张关键的平面图，继续行动。最后，培训师可以评价每个小组的表现。

在吉塔行星上，你们的思维是非常重要的，冲动行事会非常危险。

（5）培训师给每位学员分发 1 份“关于吉塔行星的指示和线索”。培训师把 5 张知识卡的正面朝下放置，让学员自己挑选，然后把“21 天日程”给简，把 1 号平面图给迈克尔。

知识卡

迈克尔的知识卡

我的名字是迈克尔——太空军官。

我们遇到了问题。我们飞船的无线电通信失效了，在太空中漂泊。我们降落在了吉塔行星——一个危险、有火山喷发的星球。

我们的无线电通信设备无法修复，没有人知道要到这儿来找我们。食物和水在飞船坠毁时都丢了。船长死了，按照应急规则，如果其他人愿意，我们可以选出一位领导。

我们必须找到吉塔人居住的基地，那儿有一个大型的无线电发射器。走两天的路程，我们就能看到基地。如果登上山丘，就能看得更远。

我画了一张平面图，标明了我们所在的位置，以及向东、南、西、北四个方向走一天的路程后，能够看到些什么。我把它标为1号平面图。

我会伴随着旅程画出其他的平面图，并随机为它们编号。

现在我们在草地上。如果我们向西走，到18号平面图所示区域，那儿有更多的草，而且走一天的路就能登上山丘；如果向北走，到13号平面图所示区域，我们就将到达树林；如果向东走到5号平面图所示区域，我们就会到达沙漠；如果向南走，到24号平面图所示区域，那儿有一种名为“布兰克”的灌木丛，能够产出稀有的矿物质。

我听说走在灰烬上是很危险的，我会把平面图给其他人看，告诉他们我所知道的。

乔治的知识卡

我的名字是乔治——太空军官。

我已经看到了迈克尔画的 1 号平面图。每天我们都会选择向一个方向走。我们必须注意吉塔人，他们能带我们去基地。那些漫游的吉塔人很可能在沙漠地区。

我了解吉塔行星，这里气候恶劣、炎热干燥，没有食物和水。唯一的水源是树林中的叶子。但是我们不可以吃叶子，也不能将其折断，如果将它们折下来，它们会很快干枯。

我们喝了叶子中的水分，可以活 3 天。之后如果没有水的话，我们就活不到第 4 天了。今天是 0 日，所以我们必须在 4 天内找到水，否则我们将死去。

北方的树林中是有水的，向北走应该是个好主意。

汤姆的知识卡

我的名字是汤姆——太空军官。

我已经看了迈克尔画的 1 号平面图，我们的处境非常危险，没有希望获救。船长死了，按照应急规则，如果其他人愿意，我们可以选出一位领导。

我们必须找到吉塔人居住的基地，那里有一个大型的无线电发射器。走两天的路程就能看到基地。吉塔人是友好的，他们有时会在星球上漫游，一般是在沙漠地区。

吉塔行星上没有食物，但是有布兰克。布兰克是一种木棍状的灌木，里面不含水分，但含有一种稀有的矿物质。我们可以折一些布兰克带在身边，当体内缺少矿物质时可以拿出来嚼一嚼。

在比较好的条件下，如果没有布兰克，我们最多可以活 15 天，所以为了生存，我们必须在 15 天内赶到一个有布兰克的地方。

这个星球上有布兰克的地方不多，向南走到 24 号平面图所示区域去找布兰克，也许是个好主意。

我必须把我所知道的告诉其他人。

简的知识卡

我的名字是简——太空军官。

我已经看了迈克尔画的 1 号平面图。

我们每 3 天需要从叶子中补充一次水分，从明天算起是第 1 天，但是我们不能吃叶子，也不能把它们摘下来。

每 15 天，我们就要从布兰克中摄取重要的矿物质，从明天算起是第 1 天。我们可以折下一些布兰克带在身边。

即使有水和矿物质，我们也必须在 21 天内到达基地，否则我们都撑不到第 22 天。

我已经拟定了一个“21 天日程”，这样我们就可以记下在这个星球上的行程。我会记下我们走过的地形，同时加上可能有帮助的意见。

今天我们在草地上，向西走有更多的草，走一天之后就能到达一个山丘。在山丘上我们会看得更远，也许向西走是个好主意。

或许我们登上了山丘，就能看见基地了。

我必须把我知道的告诉其他人。

威廉的知识卡

我的名字是威廉——太空军官。

我已经看了迈克尔画的1号平面图，也看了简的“21天日程”。

我们的船长死了。按照应急规则，如果其他人愿意，我们可以选出一位领导。

我有一个指南针，但是这里的磁场是不确定的。我们只能向东、南、西、北四个方向走，不能走对角线。也就是说，不能试图走捷径，向东北或是西南方向走。

这个星球经常有火山喷发，在有火山灰的地方走是不明智的。

我们必须找到吉塔人居住的基地，那里有一个大型的无线电发射器，我们可以在两天的路程之外看到。

吉塔人很友好，有时会在星球上漫步，他们喜欢在沙地上走，所以向东面的 5 号平面图所示区域走或许是个好主意。

我必须把我知道的告诉其他人。

（6）在桌上准备好每组的平面图，以便在需要时分发下去。比如，“我们想向北，走到 13 号平面图上的树林”。为了避免混淆平面图上的信息，最好的办法是在排列好的桌子上或是排好的位置上摆放平面图。

这个情景模拟可以自动运行，学员可以好好观察事态的进展。

如果有一个或几个人扮演教师的角色，他们可以和自己所在的太空小组讨论第 1 天的路线安排。注意，培训师不能给出任何线索。

在生死攸关的时刻，小组成员（或者培训师）可以决定是否允许小组返回求生，交还关键的地图，继续寻找基地。

（六）人员要求

分为 1 ~ 5 个小组，每组 5 ~ 7 人。

（七）分享与回顾

（1）邀请各个太空小组进行回顾总结，传阅他们的知识卡。这样能够揭示星球上所有“生死攸关”的信息是否都被展示出来了（注意：每条重要信息——领导才能、灰烬、山丘、沙漠、树林、基地、生存期限，都不只存在于一张知识卡上）。

（2）通过学员对待测试的态度——是认为无关紧要还是严肃对待，可以看出他们如何看待生存或死亡。

（3）学员们选不选领导，以及这一决定所产生的结果，会展现他们的领导才能。

（4）你是如何完成你的角色任务的？

（5）如果小组成员能想起以下关键点，小组就能生存下来：

不要经过没有退路的地点，也就是说，离开树林（水源）不要超过两天，除非是在最后时刻，基地已在视线之内了；如果直走，而不是左转或是右转，就能得到更多的关于这个星球的信息；第 1 天最好向南走，去取布兰克，然后向北返回树林（保证有水源），如果先去树林，那就意味着不可能返回去得到布兰克了。

（八）注意事项

（1）如果有多个小组，培训师要注意尽可能地把他们分开，可以在一个大桌子或是地板上放置平面图。

（2）培训师不要提供任何线索，尤其是不能说“你们不用一直朝前走，可以折回去”。

参考文献

[1] 毛振明，王长权 . 学校心理拓展训练 [M]. 北京：北京体育大学出版社，2004.

[2] 钱永健 . 拓展训练 [M]. 北京：企业管理出版社，2016.

[3] 李冈鏀 . 做最好的拓展培训师 [M]. 北京：企业管理出版社，2008.

[4] 沧海满月 . 世界顶级思维 [M]. 南昌：江西人民出版社，2017.

[5] 李金芬，周红伟 . 拓展训练 [M]. 北京：中国水利水电出版社，2010.

[6] 于海涛，常会丽 . 高校体育教学中开展拓展训练的可行性分析 [J]. 河南教育学院学报（自然科学版），2005(3)：73-75.

[7] 刘魏，聂环玲 . 对高校开设体育拓展训练课的构想 [J]. 文山师范高等专科学校学报，2005(3)：89-91.

[8] 张亚琪 . 关于将拓展训练引入大学体育课的思考 [J]. 辽宁体育科技，2003(4)：73-75.

[9] 王捷二 . 拓展训练在高校学生素质培养中的应用 [J]. 教育理论与实践，2004(2)：34-37.

[10] 黄海 . 拓展训练——高校体育课教学发展新方向 [J]. 体育科技，2004(1)：7-8，11.

[11] 马志强，翟文建 ."拓展训练"对普通高校毕业生就业观念影响的试验研究 [J]. 首都体育学院学报，2004(2)：13-14.

[12] 于振峰，王晨宇．关于将拓展训练融入体育教学的理论研究 [J]. 首都体育学院学报， 2004(3): 15-17.

[13] 陈建翔．谈谈拓展训练及其对我国基础教育的启示 [J]. 教育研究，1997(5): 54-56.